希腊罗马名人传

罗马名人传

TALES OF ROMANS

(古希腊) 普鲁塔克　(英) F. J.古尔德 著

霍彦京 译

应急管理出版社

·北 京·

目录

CONTENTS

内容简介

希腊人和罗马人的传记似乎更应该归为传说类，而算不得史料，但令人不解的是，罗穆卢斯的故事却如此生动鲜活，而提修斯的形象却相对模糊暗淡。普鲁塔克的列传以罗马和希腊的创始人开篇，当笔墨过多用于罗马人时，那么接下来的描述会更侧重于希腊的莱库古斯和努马，以及后来的梭伦、波普利科拉和第四组人物地米斯托克利和卡米卢斯。直到伯里克利和费比乌斯出现，两者的平衡才逐渐恢复。对于那些视治国策略重于军事才能的人而言，希腊人的政治才能太过闪耀，盖过了罗马爱国者的光芒。

当然，从整体来看，罗马的名人在数量上超过了希腊，但孩子们应该记住，罗马的历史跨度几乎是希腊的十倍；罗马的英雄经历了早期的城邦兴起到衰亡帝国的黑暗。孩子们的脑海里萦绕着伟人的思想，他们不能忘记在短短几个世纪里，为数不多的希腊名人竟然见证了共和国的兴衰，这是何等的辉煌。当孩子们读到古尔德先生改编自普鲁塔克豪杰传的故事时，他们应该明白，希腊和罗马在被暴君统治了很短一段时间后，都成立了共和国。不过，在后来的岁月里，两国再次受国王和皇帝控制，这种局面在欧洲大部分国家持续了很长时间，但除民主统治的加拿大外，这一现象在整个美洲戛然而止。然而，应该告诉孩子们，即使没有国王，罗马共和国始终是少数人统治多数人的国家，就像现在的西属美洲那样，而希腊共和国的全体人民在自治方面更接近于现在的我们。孩子们也应该知道，这两个国家的自由是建立在奴役他人的基础之上。战争中，那些原本自由、富裕、博学的公民突然间被海盗劫掠，之后的命运飘摇不定，或被卖掉，或被杀，或被鞭挞，或主人为取乐而对他们进行最残酷的羞辱。我们还应告诉孩子们，像柏拉图这样不朽的圣贤，他的售价为一百美元，而爱比克泰德[1]也是奴隶出身，经历过奴隶

「1」爱比克泰德，古罗马最著名的斯多葛学派哲学家之一，宣扬人类友爱。

的所有痛苦，他的哲学理论却是研究善良睿智的皇帝马可·奥勒留。罗马和希腊拥有高贵勇敢的希望，这群绝望的奴隶被湮没其中，但并非所有人都对他们视而不见，直到基督教传进来，这些早已失去自由公民身份的奴隶才得以解放。

我相信，如果孩子们了解了这些，就能更透彻地体会本书所讲述的罗马人的高贵和伟大。人性是一种复杂而矛盾的东西，善与恶在人性的交战中，前者总会获胜，孩子们最好能明白这一点。苏格拉底确实说过，奴隶是没有美德的，但是奴隶爱比克泰德在他的书籍和生活中教导的都是美德。年轻的读者还应该看到，人性在不同的时代却产生了同样的结果；文明的希腊人和罗马人虽然在先进的方面非常现代化，但是在落后的东西上却依然野蛮。对孩子们而言，政府最新的梦想早已在希腊最早、最强大的城邦中得以实现，这一点是非常新奇而有启发意义的。莱库古斯「2」的法律所创造的斯巴达是一个人人平等享有权利和义务的国家；所有人没有贫富之分，每个人都为公共福利

「2」莱库古斯，传说中古斯巴达的立法者。

竭尽所能。但是，这种公共福利体现在了战争中，而新梦想则是通过工作建立完美的城邦，在那里既无富裕也无贫穷，所有人和平享有土地、工具和劳动成果，所有人创造一切并享有一切。

我希望孩子们注意到另一点，最聪明、最优秀的古代人无法摆脱某些征兆和迹象的禁锢，而这些都是我们现代人一笑而过的东西。这是因为他们所受的教育勉强可算哲学，但前提却是在根本不存在的诸神道德原则下，讨论人的行为；而现代教育是科学的理论，通过对各种生命形式更广泛的了解和共情，把世界扩大到无边无际。罗马世界虽然是完整的文明世界，但毕竟很小，它最终陷入了对未知世界的恐惧和危险。

然而，它毕竟持续了足足有一千年，那是多么辉煌的世界啊，留下了许多难以磨灭的记忆：罗穆卢斯和雷穆斯的养母是一匹母狼，他们却建立起不朽的城市；许多爱国者奋力驱逐高高在上的王族；辛辛纳图斯放下农田去为国效力，当祖国安全后又解甲归田；迦太基人派遣雷古勒斯去罗马议和，可他却去宣战，英勇地绑了自己做俘虏，然后被迦太基人处决；弗吉尼厄斯宁愿杀死自己的孩子，也不让她成为暴君的奴隶；严厉的布鲁图斯以叛国罪处死了自己的亲生儿子；另一个布鲁图斯与人联手暗杀了他的养父——伟大的凯撒，只因他是罗马的独裁者；伟大的凯撒大帝本人拥有杰出的军事手腕和非凡的政治才能；勇士安东尼是一位擅长辞令的演说家；爱国者加图为人十分严苛；伟大的奥古斯都，以及那些出色的皇帝，都能力挽狂澜，充分扭转绝对权力的劣势……一想到这些，便会令人朝气蓬勃，心潮澎湃。

不过，我希望今天的孩子们能比过去的孩子们更加清楚地明白，这些元首和爱国者的行为都是为了助人而非害人，他们不愧为真正伟大的英雄。

W. D. 霍尔维斯

前 言

在我看来，初步了解一些正义、政府、政治进步等知识，有助于发掘孩子天性中对某些特定的历史运动产生共情，以此为基础便可以更好地形成社会正义、公民进化和国际关系的概念。在这方面，我想不出什么资料可以与普鲁塔克那些令人钦佩的传记相媲美。尽管本国历史或西欧历史无疑也可以为此目的服务，然而，西方历史传统源于希腊和罗马，所以我认为这部作品更具优势，它不仅能提供政治意义上的简单指导，而且本身也属于文学经典作品。我的这一版本是为十到十四岁的孩子所准备的，之后便应该鼓励他们直接阅读睿智雄浑、令人愉快的普鲁塔克著作。文末的道德索引（编者按：本版删除）专为教师编制，便于他们在道德课上做例证，这些课程已被正规学校教育所认可。在此，我要感谢沃尔特·克莱恩先生的美丽插图，这些画作完美诠释了我从普鲁塔克巨著中挑选出的精髓。

F. J. 古尔德

作者生平

本书作者是我们所熟知的普鲁塔克，这位著名的哲学家和教育家于公元46年前后出生于希腊中部波奥提亚地区的喀罗尼亚城。殷实的家境使他得以在雅典接受良好的教育，尤其是哲学方面。多次游历后，他开始在罗马定居，讲授哲学，广交社会名流，并在对未来的罗马君主哈德良的教育中发挥了重要作用。君主图拉真授予他领事头衔，哈德良任命他为希腊检察官。大约在公元120年，他在家乡喀罗尼亚去世，他曾在那里担任执政官和达尔菲阿波罗神庙的祭司。

除了最著名的作品《希腊罗马名人传》，也就是众所周知的《普鲁塔克传》外，他还著有约83篇不同类型的作品。《希腊罗马名人传》很可能在罗马时期就已萌芽，但最后成书并出版是在喀罗尼亚，该书旨在对人物性格进行研究，栩栩如生的精神和道德描绘使其一直保持鲜活的生命力。从历史角度看，这部伟大作品为我们了解时代和人物填补了许多空白。

孪生兄弟罗穆卢斯和雷穆斯

ROMULUS AND REMUS

牛群在草地上吃草，但牧人却怀揣一个包袱向河流走去。他走到水边停了下来。河水流向地中海，水流湍急而嘈杂。

“我不能把他们直接扔进水里，”他自言自语道，“把它们放在这儿，也许河水上涨时会把他们带走。”

的确，上涨的河水漫延到木槽篮四周，篮筐摇晃了一下，然后在水面上漂浮起来。篮筐里躺着两个胖乎乎的小男孩——一对可爱的孪生王子。他们的舅公夺走了他们父亲的王位，并命令牧人把这对孪生兄弟淹死。

台伯河的河水把摇篮冲上一片绿地，那里生长着一棵野无花果树。篮子躺在草地上，潮水退去的时候，它依旧留在那里。注意（如果你相信这个古代故事，你一定会留意），一只成年母狼出现了，她用那双凶猛诡诈的眼睛凝视着这对婴儿，似乎觉得婴儿是她嗷嗷待哺的幼崽，于是便开始喂养他们。婴儿长大了，慢慢学会蹒跚而行，不再需要狼奶，一只友好的啄木鸟总是给他们食物。我不知道啄木鸟是否把自己吃的食物（比如昆虫和蛆）用长喙和长舌头喂给孩子们，又或者明智地给孩子们带来浆果和其他水果。无论如何，过了一段时间，牧人照管了这两个孩子，为啄木鸟省去了更多麻烦。

这对孪生兄弟长成了高大健壮的勇敢的小伙子，为首领阿穆利乌斯看管牲口。一天，他们突然听到一阵响亮的哭喊声。

“我们的牛被偷了！”

“谁干的？”

“努米托首领的牧民。”

“跟我们来！”壮硕的双胞胎喊道，“去把它们抢回来！”

一场激烈的战斗过后，双胞胎获胜，成功地将牛群带了回来。兄弟俩知道对方绝对不会善罢甘休，接下来还会有更多的战争。于是，他们与逃亡的奴隶和其他无家可归的人联合起来。这些人将这对孪生兄弟——罗穆卢斯和雷穆斯视为首领。但是，雷穆斯不幸被俘，押送至努米托家。

牧人找到罗穆卢斯，对他说：“你兄弟命在旦夕，他可能会被你的外祖父努米托杀死。”

“我从不知道努米托是我们的外祖父。”罗穆卢斯回答说。

“事实的确如此。你们的母亲是他的女儿，但阿穆利乌斯篡权，想除掉你们，命我把你俩放进摇篮，扔到台伯河里，很快就会被淹死。但情况发生了变化，狼和啄木鸟哺育了你俩，后来由我把你们养大。”

“我不信。”

“好吧，这就是你和雷穆斯在水里漂荡时坐过的摇篮。马上把摇篮拿给努米托，告诉他你是谁。也许他会饶雷穆斯一命。”

罗穆卢斯立刻跑到首领家，冲进去时，可怜的雷穆斯正在接受审问。罗穆卢斯拿出摇篮，讲述了整个离奇的故事。努米托盯着两个年轻人的脸庞，看到和他的女儿的确有几分相似，相信了这个故事。接着，两兄弟率领一队全副武装的人员前去惩罚他们的舅公阿穆利乌斯。走在队伍前面的是几名扛旗杆的旗手，旗杆顶端扎着几束青草和灌木枝。他们攻陷了暴君的住所，最终将阿穆利乌斯杀死。

两个年轻人，现在已经成了首领，决定建立自己的城市。他们用牛拉的犁头或刀片犁地，犁出的犁沟呈圆圈状，这个圆圈就是城墙所在的边界。但雷穆斯从未参与建造，他曾告诉罗穆卢斯，城市应该建在另一个更安全的地方。

“如果你在这儿建城，”雷穆斯说，“敌人很容易进来——就像这样。”

说着，雷穆斯满是嘲讽地跳进犁沟边线。

罗穆卢斯和朋友怒不可遏，扑向雷穆斯，一怒之下将其殴打致死。他平息怒火后，陷入了巨大的悲痛，但为时已晚，他的兄弟死了。后来，那座在建的城市以活下来的兄弟命名——罗马[1]。

罗马城附近有一座山，你可以在山顶看到一些棚屋，那里曾经住过罗穆卢斯的人，因为他们无处可去——有的是从领主那里逃出来的奴隶，有的是杀死邻居，害怕被部落惩罚的人。过了一段时间，这些人分成了不同的阶层。首先是首领罗穆卢斯，他端坐王位，身穿紫色外套，肩披紫色斗篷。当他巡视新城的时候，扈从手拿束杆和皮带，走在最前面。只要罗穆卢斯下令打谁，扈从就用棍棒抽打冒犯者。如果他说“绑了那个犯人”，他们就用皮带把人捆起来。

一百名年长的人，被称为“元老”或“议员”，坐在议院或元老院里。

强壮敏捷的年轻人被选为士兵——步兵或骑兵。

当时，还有一些人专门负责观察鸟儿飞翔，如果鸟儿以特别的方式飞行，他们便说：“现在不宜开战（或者诸如此类的事情）。”

「1」罗马神话中，罗马城建于公元前 753 年，根据传统说法，罗穆卢斯一直统治到公元前 716 年。

如果鸟儿以一种他们认为较好的方式飞行，他们就会说“时机不错，可以开战”或者“可以盖房子！”等等。

这些人被称为占卜师，是一种祭司。就这样，阶级形成了——国王、元老、士兵、祭司，其余的便是公民。

一天，罗马举行了一场盛大的宴会。罗穆卢斯身穿紫衣，坐在宝座上。罗马人邀请了一个叫萨宾的部落来参加狂欢。萨宾部落赴约时带来许多少女，她们准备和罗马青年一起跳舞。罗穆卢斯突然站起身，甩开斗篷。

一声呐喊过后，罗马青年冲进萨宾人中，每人抓住一名少女，拖到城中，而萨宾男人却被拦在外面。我大概猜到，这些少女事先早已知道会发生什么，或许她们是自愿被带走的。故事继续演进，罗马的年轻男子娶了萨宾女子。罗穆卢斯一手策划了这场掳掠，因为他觉得城市缺少女性是弊端。没有女人，怎么可能有真正的家园呢?

罗马人和萨宾人之间的战争持续了好多年。终于有一天，双方进入鏖战阶段，都曾后退逃窜，也都重振旗鼓继续战斗。一群披头散发的妇女冲到两军阵前，号啕大哭。有人抱着孩子，有人跪在地上，为逝者哭泣。一位妇女说:

“男人们啊，你们还嫌伤我们不够吗？当初，我们被迫离开父兄。如今，我们看到了什么？我们的父亲和兄弟与我们的丈夫杀得不可开交。无论谁死，对我们来说失去的都是至亲。这场战争夺去的也许是我们的丈夫、兄弟，也许是我们的父亲。求求你们停下来吧！”

罗马人和萨宾人听见妇女的祈求后和解了，后来融合成一个民族。如果今天地球上所有的部落都能这么做，那该是多么幸福的一件事啊！读过这篇文章的女孩们，请务必助力世界和平的事业。

然而，有一个女人却没有这么高尚。在我刚讲到的和平之前，萨宾部落曾包围了罗马，一个名叫塔尔皮亚的古罗马女子告诉敌人，如果他们把左手戴着的黄金手镯给她，她便会在晚上为他们开门。萨宾人同意了。于是，这个女人打开城门，萨宾人进入城中。但是他们瞧不起叛徒，萨宾首领向她扔去手镯的同时，也将盾牌扔了过去。这个酿成大错的女人被埋在一大堆沉重的铜盾牌和手镯下，一命呜呼。当然，萨宾人最后也并没有获胜。

罗穆卢斯统治了罗马很长一段时间。一天，他站在集会的人群中，天空乌云密布，电闪雷鸣，天色昏暗，一场暴风雨袭来。过了一会儿，天空放晴了，但罗穆卢斯却没了踪影。人们说天神把他带走了。当然，这只是一个传说。

此后不久，当人们聚集在元老院时，一位议员走进来，喊道："啊，人们，我看到罗穆卢斯了！"

"告诉我们，在哪儿，怎么找到的？"

然后，这位议员讲了下面的故事。

他在罗马附近的路上遇见了身穿明亮盔甲的罗穆卢斯。

"陛下啊，你为什么要离开深爱你的人民呢？"

"亲爱的朋友，我来到人间，建造了一座城市，完成了我的职责。该和大家说再见了。去告诉罗马人，只要做到节制和保持勇敢，他们必将成为世界上最伟大的民族。"

森林女神说了什么

NUMA

国王沿着林间的小路向上走去，两侧和头顶都是树林阴翳。除了微风的叹息和潺潺的水声，山林里几乎没有其他声音。

国王名叫努马。他在池水边的一块大圆石上坐下来。溪水从池塘的某处奔流而出，水花四溅，冲下山坡。

这时，水波开始颤抖。努马目不转睛地盯着水面，一位身穿深绿色衣服的女士从池塘里升起，朝国王笑了笑。这不是国王第一次见到她。他经常到林间，坐在那里和森林仙女交谈。

努马和宁芙女神

“嗯，努马，”仙女说，“你抓住那两只精灵了吗？”

“是的，我找到了您所说的那个喷泉，往里面倒了些酒。两只精灵来喝水的时候——”

“他们长什么样，努马？”

“一个看起来像森林里的滑稽小老头，留着山羊胡子；另一个看起来像啄木鸟。他们喝了那水，酒劲上头就睡着了。然后，我蹑手蹑脚地爬上去，一把就抓住他们了。”

“他们没跑吗？”

“他们告诉了我三样符咒：抗击雷电，洞察未来，预知未来，然后我就放他们走了。”

“符咒是什么？”

“他们要我把三种奇怪的东西混合成一种浆糊——洋葱、头发和鲱鱼脑袋；我若吃了这种浆糊，便能免受雷轰电击，也能预言未来。”

“很好，努马。祭司修好台伯河上的桥了吗？”

“是的，他们已经派人动工了，在桥上加固了新的木梁，这样就能抵挡汹涌的水流。罗马人过桥时就用不着害怕了。”

“人们听祭司的话吗？”

“是的。前几天，祭司说罗马人要举行节日活动，要求停止一切工作。于是，城里所有的工人都放下手中的锤子、锯子和其他工具。祭司说该播种了，众人就开始播种。”

“做得好。四个守护圣火的贞女履行自己的职责了吗？”

“是的。我已经照您的吩咐，让她们穿上洁白的衣服，昼夜守护祭坛的圣火，好让罗马人有安全感。当圣女从城里的街道经过时，总有侍卫手持束棍走在前面。上周，一位圣女乘坐肩舆穿过城市时，一名因犯罪要被执行死刑的男子经过，正好和贞女相遇，所以我们就赦免了他。”

“这是我说过的。为那二十个传令官建好房子了吗？”

“是的，女神。若与别的部落发生争端，除非传令官准许我们开战，否则我们绝不动手。”

“十一个盾牌做好了吗？”

“我已经派聪明的铁匠去做了。那张从天而降的盾牌是众神赐给我们的礼物。工匠技艺娴熟，复制得简直一模一样，根本辨别不出哪个是天赐的，哪个是仿造的。而且，我挑选了十二个精力充沛的年轻人佩戴它们，表演战神舞蹈。您讲过他们的职责。”

“跳舞的仪式，努马。你知道，这个舞蹈只能在特定的月份进行——”

“是，在三月，纪念伟大的战神。”

“对，努马。十二个年轻人必须穿紫色护套，佩戴闪亮的黄铜腰带和黄铜头盔。而且，他们必须携带短剑。他们在街上一边跳舞，一边用短剑敲打盾牌，两者必须保持一致的节奏。”

“这个节目一定会让罗马人振奋不已。”

“是的，努马，这将让他们铭记：罗马之所以强大，靠的不是城墙，而是它的勇士。他们要手持盾牌和刀剑保卫罗马，并随时准备为同胞做出牺牲。”

“现在，女神，我想请教如何阻止人们侵犯他人的土地，因为他们经常——”

“今天到此结束，努马。这次我们谈得够多了。谈话有用，但沉默也很好。现在你得去拜访森林女神了，她把手指放在嘴唇上——你能在那儿的无花果树下找到她。”

努马走到无花果树旁，坐在树荫下，一位女士坐在那里，手指放在嘴唇上，意指任何人都不能在她面前说话。她向森林深处望去，仿佛在沉思。努马照她的样子坐在那里一动也不动，想着水潭仙女给他的忠告，罗马城、祭司、传令官、圣火贞女、战神舞蹈者，城里的住户们，治国良策，这些都能让公民心满意足，安居乐业。

啄木鸟啷啷地敲击树木，但努马根本听不见。松鼠从一根树枝跳到另一根树枝，但它发出的声音也没能打扰努马。最后，沉默的女神站起来走了，努马也站起来，下山回到王宫。

又一天，努马前往森林，来到那个令人愉快的角落，再次遇见清泉女神。

“努马，你上次问如何阻止人们非法侵占土地，现在我告诉你答案。”

“谢谢您，水泽女神。”

“在两个农场或花园之间的边界挖一个洞，让民众在洞里倒入为祭祀神灵宰杀的动物血，然后在洞口洒上酒、蜂蜜、植物种子和馨香的香料。最后用丝带和花朵装饰一块大石头，把石头放在洞里，直立起来露出地面。边界的其他地方也要摆放石头。”

“我们会照您吩咐的去做，女神。”

“还有，努马，若有人想要哄骗邻舍，把石头从地上拔出来，挪到别处，以便扩张自己的土地，那么这个人和他的牲畜就必受咒诅。”

“是的，他应该受诅咒。”

“不论谁遇到这个人，都可以惩治他。除掉作恶者，不算杀人。”

“虽然令人难过，但必须这么做。”

“每年二月都要举办一次宴会。边界两边的邻里带上妻子儿女，和奴仆们一同来到地界，把鲜花放在石头上，把蛋糕供奉给特耳米努斯神[2]。人们和睦相处，尊重界碑，谨记不可多取邻舍的财物，这样才可保持美好。”

“我还有一件事想请教您。罗马人和萨宾人住在同一个城市，但总是相处不好。”

“听我说，努马。让所有的鞋匠，无论是罗马人还是萨宾人，都住在城里同一个地方。他们将有自己的伙伴或

「2」 特耳米努斯是古罗马的“地界神”。

群体，在同一个大厅里开会，为制鞋行业制定行规。同样，音乐家、皮匠、银匠、石匠、染匠、铜匠、瓦匠等行业都要这么做。”

“我会照办的。除此之外，女神，我还想把日子和月份算得更清楚些。”

“努马，一年有几个月？”

“十个。”

“是的，但是你现在必须有十二个月份。到目前为止，你们以三月为始，就是举办战胜舞蹈的月份，而第十个月份也就是十二月，是最后一个月。”

“确实是这样。”

“所以，努马，告诉罗马人这样计算：第一，一月；第二，二月；第三，三月；第四，四月；第五，五月；第六，六月；然后是七月和八月；第九，九月；第十，十月；第十一，十一月；最后，十二月。”

“我会给他们讲的。”

“那么，现在，努马，再去见见沉默女神吧，想想我说过的这些。再见。”

我所讲的只是神话或传说。也许从来没有像努马国王这样的人存在，尽管传统上称他为罗马的第二位国王（公元前 715—672 年）。当然，森林里也从来没有清泉女神伊格里娅那样的仙女。但许多年以来，罗马人一直相信努马是远古时期的罗马国王，他从泉水边的一位仙女那里学到了智慧。治理城市和国家的确需要智慧，因为人类有强烈的意志，很难管束。大家知道，研究统治的人被称为政治家，统治者被称为政客。罗马人在许多方面都是伟大而睿智的，我们可以从他们的城市和共和国的历史中学到很多经验。政治家通过阅读历史、听取其他圣人的言论，修改不适用的陈旧法律和习俗，制定新的法则。我们应该向优秀的政治家致敬，比如希腊人伯里克利、古罗马的凯撒、荷兰的威廉一世、英国的奥利弗·克伦威尔、乔治·华盛顿和亚伯拉罕·林肯。

为什么罗马人要忍受痛苦

BRUTUS AND MUTIUS

罗马奴隶走进一间黑屋子，帮主人找东西。这个房间是放废弃物的，到处都是旧家具。

奴隶正要离开房间时，听到了轻柔的脚步声和窃窃私语声。昏暗的灯光下，他看见一群年轻人走进房间，朝后面看了看，好像在确认没人看见他们。

“没人知道我们在这儿。”一个年轻人说。

奴隶躲在一个大箱子后面，屏息凝望着那些人，注视着他们的行为。

“你带血了吗？”一个声音问道。

“在这个杯子里。”另一个回答说。

“都到齐了吗？”

“齐了——布鲁图斯的儿子提图斯和弟弟提比略，还有其他人。”

“大家都准备好为塔昆而战了吗？”

“是的，准备好了！”

“他是我们合法的国王，我们希望他能回到罗马。”

“对。”

“铁石心肠的执政官布鲁图斯，必须去死！”

“必须的。”

“即使他是我们的朋友——提图斯和提比略的父亲？”

“是的。”

“为了罗马的利益，我们将忠诚地支持这项崇高的事业。”

“我们会的。”

“共饮此杯？”

“干杯。”

这些年轻人挨个喝下杯子里的血酒，箱子后面的奴隶吓得魂不附体。年轻人誓死彼此忠诚，共谋铲除布鲁图斯，歃血为盟便是标志。这件事发生在公元前 51 年前后。

“我们要给塔昆国王写信，”一个人擦擦嘴说道，“告诉他，我们要杀死布鲁图斯和另一个执政官，希望能尽快和他在城里会面，并且让他再次做我们的国王。”

他们把信写在一张羊皮上，折叠起来。

“你，兄弟，”一个密谋者对身边的另一个人说，“你是塔昆的朋友，由你负责把这封信交给他。”

“我会的。我住在亚基利家，几个小时候后我就出城，将这个喜讯报给我王。”

“咱们出发吧。”

于是，几个人像小偷一样从后门溜走，悄悄离开了。

奴隶从藏身之处走出来，自言自语地说：“我该怎么办？执政官身陷危险。我怎么敢告诉元老布鲁图斯，他的儿子们想要杀死他？太可怕了。但是我若不去报告，执政官必死无疑，城池也必定落入塔昆王的手中。罗马人早就对他的恶行不满了。”

于是，奴隶决定去拜见瓦列里乌斯，一个非常公正诚实的公民。奴隶将自己的所见所闻全部告诉了他。

"待在这个房间里，"瓦列里乌斯说，"等我叫人来找你。我现在就去亚基利家，看看有没有那封信。"

瓦列里乌斯对妻子说："看好门。在我回来之前，别让这个奴隶离开。"

说完，他带着一群朋友和奴隶冲了出去，他们都携带着武器，来到亚基利家，闯进去翻了个底朝天，终于找到了那封信。就在这时，门口一阵骚动。那些密谋者早已得到情报，便急忙赶去夺回那封致命的死亡信。然而，为时已晚，他们没有逃脱，都被带到元老院的集会地点，那是一片由石柱包围的空地，意为"法庭"。两名执政官被从家中请了出来，在法庭上就座。他们旁边站着两个持束杆的扈从，束杆上绑着一把斧头。其他元老院议员坐在大厅里，一群罗马人围在四周。头顶的天空平静而蔚蓝，但密谋者的内心充满了恐惧。

那名奴隶也被带到现场，讲述了全部经历。缴获的信件也被当场宣读出来。毫无疑问，这些年轻人是罗马的叛徒，背叛了自由。罪孽深重的阴谋者便是提图斯和提比略，就是那位坐在法庭上的执政官的两个儿子。

很短的时间里，广场上陷入了死一般的寂静。坐在布鲁图斯旁边的执政官不禁热泪盈眶——他的朋友布鲁图斯竟然有这样的儿子！他该怎么办呢？

“最好把他的儿子们流放到遥远的地方去，”人群中有人低声说。周围站着的人低声附和：“对，这总比亲手杀掉自己的孩子要好。”

布鲁图斯严肃地看着他的儿子们，说道：“你，提图斯，你，提比略，你们为什么不辩解？”

没有应答。

“你，提图斯，你，提比略，你们为什么不为这事辩白呢？”

问了三次，都没有任何回应。

布鲁图斯转向其他官员。

“刀斧手，”他说，“剩下的事就交给你们了。”

于是，侍从们拉住年轻人，剥掉他们的外衣，把他们的双手反绑在身后，按在地上，用束杆抽打他们的身体。

布鲁图斯紧闭双唇，目不转睛地看着眼前这一幕。

侍从们拿起斧头，砍下布鲁图斯儿子的首级。

痛失儿子的布鲁图斯站起来，穿过寂静的人群，朝家走去。

“啊，”有人喊着说，“布鲁图斯真残忍，竟然判了儿子死刑。”

“不，”另一些人说，“他爱他的儿子，但他是罗马的执政官，他有责任保卫罗马不受敌人的侵犯。”

其余的叛徒也都被处以死刑，那个奴隶获得了自由。从此以后，他成了罗马公民，不再是奴隶。他是罗马第一个被解放的奴隶，或者说是获得自由的奴隶。他拥有选举权，也就是说，他可以像其他罗马人一样，可以在会议上投票。

布鲁图斯亲眼看着儿子死在自己面前，他所承受的痛苦谁能体会？他为什么要这么做？因为他虽然疼爱骨肉，但更敬重正义。

我要告诉你们同时期的另一个故事。为了罗马城的利益，有一个人也承受了巨大的痛苦，尽管那是另一种痛苦。

塔昆国王，据说公元前534年至510年在位。他有一个名叫波尔塞纳的朋友，是伊特鲁里亚人的国王。波尔塞纳包围了罗马城。罗马人深陷困境，城内食物匮乏，城外则是强敌围困。

一天，波尔塞纳王和大臣们坐在营帐里，正在讨论进攻罗马的最佳方式。从营帐向外望去，他们可以看到台伯河以及滚滚洪流上的木桥，还有罗马的高墙、神庙的屋顶和议会山。

突然传来一声喊叫，一个官员被陌生人砍倒在地。紧接着，一场混战发生了。最后，陌生人被擒获，夺去凶器，被带到国王面前。

靠近国王的地方有一座小小的青铜祭坛。祭坛上火苗摇曳，国王正要向伊特鲁里亚人的天神焚烧祭品。

“你是哪里人？”国王问陌生人。

“我是罗马人。”

“你叫什么名字？”

“穆蒂乌斯。”

“你为什么要杀我的军官？”

“我以为那是你，阁下。我想杀了你。”

穆蒂乌斯边说边伸出右手，猛插进祭坛的火焰中。他的手被烧焦了也毫无惧色。他目光坚毅，死死盯着国王的脸。

“快把手拿开！”国王喊道，“勇敢的人，还你剑。”

穆蒂乌斯用左手接过剑，右手垂在身旁。他再也不能灵活地使用右手了。

“国王，”他说，“我们罗马人效忠国家是不怕疼痛的。为了罗马，我们可以牺牲我们的双手，心脏，甚至生命。我不是唯一愿意受苦的人。城里有三百年轻人，他们发誓如果我失败了，他们也会继续刺杀你。不论何时，他们中的任何一个人都可能袭击你，除掉伊特鲁里亚人的国王。”

国王钦佩穆蒂乌斯的英勇和罗马人民的精神，最后将其释放，并与罗马讲和，带领军队撤回自己的国家。

布鲁图斯，为了正义和罗马城，承受精神的痛苦。穆蒂乌斯，为了罗马，忍受身体上的痛苦。他们都没有考虑自己的个人利益，都在为别人而活。

罗马的重建者卡米路斯

CAMILLUS

罗马军队的元首站在一座高塔上，远眺城墙。他看到居民房屋着了火，人们在街上边喊边跑，罗马士兵正在搬运成堆的战利品。这座城市曾属于伊特鲁里亚人，历经十年的围攻后落入罗马人手中。

“这是一次伟大的胜利，阁下。”将军的朋友说。

这位将军名叫卡米路斯。他举起双手向天祷告说：“众神哪，如果你们认为罗马拥有太多的荣耀，如果你们认为，在这场胜利之后，我们必须遭受一些苦难才能使我们避免过于骄傲，哦，我祈求，惩罚我一人，不要让麻烦降临在罗马人身上。”

可见，卡米路斯爱祖国胜过爱自己。

卡米路斯又包围了另一座城镇。他的军队驻扎在堡垒的周围，罗马营地和城墙之间是一片开阔的草地。一位教师经常把学生们带出城外，在这片空地上玩耍。起初，他们只在城墙边嬉戏。慢慢地，他领着学生们离罗马营地越来越近。一天，他带着学生们去见营里的守卫，说：“我向你投降，这些学生就交给你们了。”

守卫将这名老师和他的学生带到卡米路斯面前。他原以为罗马将军看到这么多被困市民的孩子落到他手里，会非常高兴，但卡米路斯却没有这种想法。他看着卖国贼，严厉地说：“战争是野蛮的，虽然会发生许多残忍的事，但即使是在战争中也有法律，有尊严的人也会遵守这些法律。你用卑鄙的手段把这些孩子带到我营里，如果我将他们当成俘虏，这是我的耻辱。”

他转向侍从，下令将这位老师抓起来。侍卫们把老师的手捆在背后，把束棍交给学生。

“孩子们，”卡米路斯说，“带他回城里去。他是个叛徒。”

那些家长和亲人们聚集在城墙上，正在为失去孩子而悲痛万分。不一会儿，他们惊讶地发现孩子们回来了，年龄稍大的学生正在用束棍猛抽叛徒的脊背。

很快，这座城市就落入了罗马人手中。

卡米路斯属于上层或富有阶级。较穷的阶级或平民经常与富有的邻居发生争吵。很遗憾，富人和穷人的争吵一直持续到我们这个时代。卡米路斯虽然为人低调，却不得不离开罗马，因为他的行为和思想很不讨大众的喜欢。当他离开这座城市时，他停下脚步回头看了看城墙和塔楼，伸出双手说：“我虽然没有错，却要被迫离开罗马。总有一天罗马人会为此而后悔的。”

后来，罗马人和意大利人遇到很大的麻烦。北方的高卢人越过阿尔卑斯山的岩石和积雪，踏上意大利富饶的土地。他们人数众多，盾牌和头盔闪着令人生畏的寒光。罗马人战败，城市危机重重。守护圣火的圣女们把燃烧的炭火装在器皿里，捧着神像逃出了罗马。大批的城里人落荒而逃，有的背着家具，有的骑马，有的坐车。一个好心的罗马人携妻儿逃离时，看见圣女们正在台伯河边疲惫地跋涉，便邀请她们一起乘坐马车，圣女们非常感激他的帮助。

战后第三天，高卢人到达罗马，城门敞开，人们弃城而逃。高卢人的首领布伦纳斯率兵进入城中。最后，高卢人来到广场上，元老或议员都默默地坐在那里，他们不会在罗马最需要他们的时候离开。

高卢人围了过来，不解地望着年老的统治者。最后，他们中有人走上前，摸了摸其中一个元老的胡子。蓄着胡须的罗马人用他的手杖打伤了高卢人。高卢人用剑杀死了这位元老，其他的元老也未能幸免。这些高贵的罗马人到生命的最后一刻，仍然保持着对罗马的忠诚。

卡米路斯住在离罗马较远的乡下。他为这座曾经爱过现在仍然深爱着的城市感到痛苦。一天，他带领一些人离开小镇，来到高卢人驻扎的营地。午夜，号角声响起。卡米路斯和他的追随者攻进营地并取得了胜利。

逃亡的罗马人听闻这个消息，立即召开会议，并派出一名信使，请求卡米路斯重新做他们的首领。

“我会的，”卡米路斯说，“只要议会山的人来请我。”

啊，议会山位于罗马城内，山上矗立着一座要塞。那里有一群不愿屈服于布伦纳斯和高卢人的公民。但是怎么才能把消息送到议会山呢？谁会去呢？

一个年轻人穿着粗布衣服，打扮成普通农民的样子，把大块的软木塞在衣服下面。当他到达流经罗马的台伯河时，把衣服打成一捆放在头上，把软木拴在一起做成浮舟，乘夜色抱着浮舟渡河。然后，他蹑手蹑脚地穿过后街，来到议会山。他在黑暗中爬上崎岖的斜坡，安全到达山顶。议会山上驻守着一些议员，他把事情经过讲给了议员们。

“去吧，”他们说，“叫卡米路斯向罗马进军。”

年轻的英雄再次爬下悬崖，悄悄地过河，把命令带给卡米路斯。

但是，还没等卡米路斯拯救罗马，高卢人便企图占领议会山。一天晚上，他们开始效仿年轻的信使攀岩，有几个人也的确到达了山顶，其他人则在后面继续攀爬。当时，罗马卫兵正巧都在睡觉。

议会山上矗立着一座朱诺女神的神庙，里面养着一群鹅。它们听到高卢人发出轻微的声响，便开始嘶鸣报警！罗马人被惊醒了。长矛和盾牌的碰撞声四处回荡，高卢人被击退，有些人甚至被扔下悬崖。这就是朱诺神庙的白鹅拯救议会山的故事。

卡米路斯还没有赶来，食物快吃光了，罗马人的意志开始动摇。他们派人去见布伦纳斯。“如果我们给你一千磅金子，你们从罗马撤军吗？”

“可以。”

于是，他们拿来称量黄金的天平，把闪闪发光的金块堆在天平上，另一端放上相同重量的砝码保持平衡。这时，一个高卢人压低了装有砝码的托盘。

“你使诈！”罗马人喊道。

布伦纳斯笑起来。他把腰带和绑在腰带上的剑扔进天平里，砝码一端继续往下掉。

“败了就得认输！”他大喊道。

罗马人不得不堆起更多的金子，以平衡高卢首领的腰带和佩剑多出来的重量。

高卢人最终和平地离开了罗马，尽管我不确定他们是被卡米路斯赶走的，还是因为他们更热爱自己的土地。你看，罗马人虽然失败了，但他们生性骄傲，羞于承认失败，而历史学家们也并没有明确告诉我们当时发生了什么。

正如我讲过的，卡米路斯属于上层阶级，或者更富有的阶级，被称为“贵族”。富人和穷人之间的争吵还在继续。一些穷人威胁说要离开罗马，在别处建立新城。他们说，每年选出来统治罗马的两名执政官都来自上流社会，这是不公平的，应该选一位平民或百姓。卡米路斯非常认同这种明智的做法，每年从贵族中选举一位执政官，另一位由平民中选举产生。这就是政治。一个阶级想要这个，另一个阶级想要那个，而人民中最聪明的头脑必须想出一种方法来让尽可能多的公民满意。城市恢复和平后，人们在罗马广场上建造了一座新的庙宇，叫做“和协神庙”，又称“友谊庙”。我希望这样的神殿能建在每个城市和每块土地上，将所有人的心和平友好地连在一起。罗马在经历了高卢人的侵略和市民的纠纷后再次变得强大，这一切都要归功于卡米路斯，因此人们称他为罗马的第二创始人。后来，卡米路斯于公元前365年去世。

等候者费比乌斯

FABIUS

“你们听说了吗？士兵的盾牌在滴血。”

“确实！有人告诉我，麦田里流血的玉米被砍倒了！”

“是的，街坊们，我听说有人看见滚烫的石头从天而降！”

“太恐怖了！到底是什么意思？”

“我担心罗马人会被来自非洲的敌人打败。那个叫汉尼拔的战士非常勇猛，他曾翻过阿尔卑斯山，走过托斯卡纳，好像没有任何东西能阻挡他。”

罗马人众说纷纭。一场战争很快就爆发了，据说汉尼拔的军队杀死了一万五千人，还俘虏了同样多的人。

可怕的消息传到罗马。市政官把人们召集在一起，说："罗马人！我们打了败仗，军队四分五裂，执政官也被杀了。大家想想，该怎么办才能拯救罗马？"

众人陷入了悲伤。接着，有人说：

"费比乌斯。让费比乌斯带领我们！让费比乌斯做指挥官！费比乌斯将成为我们的战神！"

于是，费比乌斯被选为罗马军队新的元首。你以为他会立刻出兵汉尼拔吗？不。他在等待时机。汉尼拔的士气如日中天，很难撼动。于是，费比乌斯在山上安营扎寨，观察山谷中敌人的动静，但从不全军出击，经常派出一群罗马士兵从山腰冲下来，掠走汉尼拔的牲畜，或者杀死他的一些士兵，然后迅速返回岩石高地。费比乌斯想借这种方式耗费敌军的精力。

但是有些罗马人并不喜欢这种缓慢的作战方式。一个名叫米努修斯的队长冷笑道：

"哦，我怀疑费比乌斯是不是想把军队带到天上去，他怎么那么喜欢在山顶扎营。”

有一次，汉尼拔的主力部队差点被俘获。他们发现自己被困在了山里，唯一的出口非常狭窄，而费比乌斯的拦截军队却有四千人。黑夜将至，迦太基人害怕起来（因为汉尼拔来自非洲的迦太基）。汉尼拔将军却并不畏惧。他命令手下把一捆捆干燥的灌木枝绑在两千多头牛的犄角上，点燃灌木，牛群被迫向前冲出去。士兵们照做了。伸手不见五指的夜里，罗马人只看到山谷中闪烁着奇怪的火光，以为有一大群敌人正在逼近，于是他们赶紧往山上逃去。汉尼拔趁机率领军队逃到一片更开阔的地方。

费比乌斯还像往常一样不慌不忙。他和汉尼拔交换过战俘——也就是说，一百名罗马战俘换一百名汉尼拔战俘，但仍有二百四十名罗马人留在非洲军营里。罗马元老院不愿拿钱赎回这些战俘，费比乌斯打心眼里同情这些囚犯，于是派儿子去罗马卖掉一些土地。然后，费比乌斯用这笔钱赎回了其余的囚犯。就这样，他自己出钱帮助了同胞战友，有人提出要还钱时遭到了他的拒绝。

最后，罗马元老院任命米努修斯为第二将军。他们认为米努修斯行动迅速，可以早点取胜。费比乌斯认为两个将军领导一支军队是不明智的。于是，他把罗马主力军队一分为二，各自在不同的地方安营。敏锐的汉尼拔注意到了事情的进展，决定和米努修斯交战。他派了很多人藏在山间的沟渠和山谷里，另一小队人马驻守在小山上。米努修斯果然发现了他们。

“哦，”米努修斯对他的队长说，“我们很快就能把汉尼拔的军队从那座山上赶走。”

罗马人急忙发起进攻。沟渠和山谷中的非洲人大叫着冲了出来，米努修斯部队瞬间乱作一团。

费比乌斯在军营里目睹了一切。他用手掌拍着大腿，非常难过地说：

“我担心的事这么快就发生了！米努修斯鲁莽行事，终于自食恶果。”

接着，费比乌斯调动军队去援助他的同伴，击退了汉尼拔的进攻。战斗结束后，米努修斯把他的士兵叫到身边，对他们说：

“朋友们，战友们，人人都会犯错，犯错不可怕，只要能及时改正。我没有听从费比乌斯的劝告，差点酿成大错。跟我来，我要告诉他，全军只有一支部队，他将是唯一的领袖。”

于是，扛着木雕鹰旗的旗手走在前面，米努修斯和军队跟在后面，来到费比乌斯的帐篷。他们交谈了几分钟后走了出来。米努修斯大声说：

“他是我的再生父母！”

米努修斯边说边向费比乌斯鞠了一躬，他的士兵喊道：

“是我们的守护神！”

他们一边喊着“守护神”（亦师亦友），一边向费比乌斯的士兵敬礼。

然后，米努修斯继续说：

“费比乌斯，你今天取得了两场胜利，一场是你的勇气打败了非洲敌人，一场是你的谨慎和仁慈战胜了我。我们的生命都是你救的。你如同我的再生父母，因为我不知道还有什么比这更好的尊称。”

说完，米努修斯拥抱了费比乌斯。至此，两军团结一致。因为罗马人知道，为了罗马的利益，要抑制嫉妒。

唉！罗马的苦难不止于此。在坎尼战役中，约有五万罗马人阵亡。这场可怕的战斗结束时，汉尼拔的朋友们聚集在他的周围。

“出发吧，将军！”他们喊道，“五天后你将到达罗马，在议会山享用晚餐。”

汉尼拔并没有听从他们的建议。与此同时，坎尼战役中战败的瓦罗指挥官返回罗马，整个元老院和民众都到大门口去迎接他。瓦罗看上去很伤心，但严肃的他并没胆怯。

“罗马人，”他说，“虽然战死很多，但并不是彻底失败。我回来就是要尽我所能帮助这座城市。”

费比乌斯也在人群中。他和其他元老一起说：“瓦罗，我们欣赏你，因为你没有对罗马的命运感到绝望。”

是的，不管发生什么，这座骄傲的城市和它的人民都不会完全丧失信心。他们的信心很大程度上来源于费比乌斯。有人看见他安静从容地走在街上，好像没有发生任何可怕的事情。他面色沉静，声音镇定。他还在大门口设置了守卫，防止市民因突然恐慌而逃跑。当他再次返回战场时，仍然使用先前的战术——避免大规模正面作战，而是悬垂在汉尼拔军队的后方和两侧进攻。就这样，他成功地夺回了被非洲人占领的几个重镇。

费比乌斯年老的时候，儿子当选执政官，他非常高兴。

一天，执政官出席一场公众集会。老费比乌斯骑着马，走近和儿子说话。但是，根据罗马的法律，任何骑马的人都不能接近执政官。执政官看见他的父亲骑在马上，就叫来一名扈从。你知道，扈从的手里都拿着束棍，上面还绑着斧头。

“侍卫，”他说，“如果费比乌斯有事和我商量，就让他下马走过来。”

侍卫按照命令做了。人们顿时安静下来，愤怒地看着执政官，对老将军深表同情。

“大逆不道，”他们说，“可怜的费比乌斯一生都在为罗马服务，儿子却如此不尊敬他。”

但费比乌斯却没那么想。他立刻下马，疾步跑到儿子面前，用双臂搂住他。

“儿子，”他说，“我很高兴你能明白自己的职责。正因如此，我们和我们的祖先才使罗马成为伟大的城邦。我们不能把自己的感情放在第一位，罗马的荣誉高于父子情。”

费比乌斯于公元前203年去世，他曾五次担任执政官，两次骑马穿过罗马街道，行进在迎接凯旋的喜悦人群中。他死的时候一贫如洗。你们肯定没忘记，他曾经自己掏钱赎回了许多罗马战俘。罗马人民决定用一种独特的方式来埋葬他，体现对他的爱戴。于是，每位市民都为他的葬礼捐了一小笔钱。

拯救罗马的瓦罗穆妮亚

VOLUMNIA

“同胞们，我们离开这个城市吧！”

“我们马上就走！”

“意大利天高水阔。我们没必要留在罗马！”

“我们死后可以葬在罗马城外！”

“前进！”

于是，罗马的平民百姓带着妻儿，一边前行一边彼此呼喊。他们认为，所谓贵族的富人对他们很不公平。他们从事艰苦的劳动——劈柴，打水，盖房子，耕种土地，但却没有分享管理城市的权利。

元老院的长老们都惊慌不已。

“我们不能没有劳动者,”他们说,“必须把他们找回来，否则他们会创建一座新城。”

于是，元老院选出几位议员去追寻那些百姓，劝他们回来。阿古利巴是这些使者的首领，他言辞恳切地对百姓们说：

“朋友们，罗马人民，同胞们，元老院希望你们回去。你们将得到公正对待，你们自己可以选出一些人和元老们平起平坐。我们离不开你们，你们也需要我们。”

“嗬，原来我们还需要你们这些贵族啊?”平民低声嘟囔道。

“让我讲一个寓言吧，朋友们。从前有个人，他的腿、胳膊、手指、脚和嘴对他的胃极为不满，集体指责胃。它们觉得肚子无所事事，嘴能说，腿能走，胳膊能拉，手指能干活，双脚能踩踏，而胃却整日游手好闲。于是，胃干脆什么都不做了。然后，那人的身体日渐消瘦，最后只剩皮包骨头。正如这个人的身体各部分，罗马人彼此需要。不论和平还是战争，贵族需要你们劳动者，你们也需要贵族的领导，给你们提供建议。回到罗马，我们将从你们中选出五个代表，或者叫护民官，将和元老一起参与城市管理。”

平民们回去了，元老院大厅门口为五位护民官留了席位。每当元老要制定法律，有损于劳动人民的公平权益时，他们就会从座位上站起来，大声喊道：

“Veto！”

这个词的意思是“反对。”

当时，贵族中有一个高尚的人，名叫马修斯。他在围攻沃尔西都城科利奥利的战斗中表现得非常勇敢。战斗最激烈的时候，他汗流浃背，满身是血。他最终夺取这座城市后，士兵们一致同意用这座城市为他重新命名：科里奥兰纳斯。众人获得了大量金银等战利品，战利品成堆地摆放在军队面前，罗马执政官告诉科里奥兰纳斯：他不仅可以赢得一匹骏马，还可以拥有那堆战利品的十分之一。

“不，”他说，“我非常愿意收下这匹马，把战利品分给众人吧，我只拿我那份——不多要一分。但我想请您帮个忙，阁下。”

“什么？”

“沃尔西的俘虏中有我的一个朋友，按惯例他会被当作奴隶卖掉。请您恩赐我，还他自由吧。因为他曾经待我很好，是个有德行的人。”

全军无不称赞他心地善良，执政官也答应了他的请求。

科里奥兰纳斯生活在公元前5世纪上半叶。十七年里，他在战争和管理方面都为这座城市做出了贡献，最后被任命为执政官。但麻烦接踵而至，因为他从不喜欢护民官。他认为老百姓得到的太多。他打心眼里觉得自己是贵族，也就是说，他认为高人一等的人就应该支配低贱无知的人。可是，你们也知道，平民百姓并不认为自己就更轻贱或更无知。锡拉丘兹的国王将大量玉米送给罗马时，人们看到装载着货物的马车和骡子，希望自己也能免费或无偿分得粮食。

“不，”执政官对元老们说，“我们不应该屈服于平民，取悦他们，答应他们所有的要求。这么做会助长他们的野心，提出无穷无尽的诉求，整个罗马也会动荡不安。”

护民官听闻此消息，立刻跑到街上去召集市民。元老院会议在混乱中被迫解散。

第二天早上，元老们又在广场上开会，讨论处理粮食的最好办法。有些人想把粮食低价卖给百姓，科里奥兰纳斯却坚定地说："不行。"他边说边傲慢地蔑视民众。

"该死！"护民官们高喊。

护民官们要把科里奥兰纳斯抬到塔尔皮亚岩[3]顶上，再扔下悬崖。他的朋友极力为其辩护。最后双方一致同意，选定某一个集市日，在罗马大议会上对科里奥兰纳斯进行审判。审判当天，大多数人都投票反对他。最后的审判结果如何呢？终身流放。科里奥兰纳斯再也无法踏上罗马的土地，朋友们深感悲痛，只有他一人保持冷静的头脑和镇定的面孔。他先是回了家，吻别母亲和妻子。然后，他坚定地穿过贵族人群，走到城门处，向众人告别。有三四个人陪他走到野外，在一座农舍停留后，只剩他一人继续前行。

「3」 塔尔皮亚岩是古罗马人处决内奸的刑场。

他把自己打扮成粗鄙的劳动者模样。他要去哪里？其实，他早就想好了要去投靠罗马的敌人——他曾顽强抵抗过的沃尔西人。

一天晚上，他来到安提乌姆镇，走在街道上，没人认识他。他在贵族提留斯的门前停下脚步，然后走进屋里，坐到壁炉旁，紧挨着供奉家庭神像的架子。凡坐在家神神像旁的人，都被视为受到了神灵庇佑，无人能伤害。房子里的人对陌生人的到来感到非常惊讶，他们急忙到提留斯吃饭的房间去禀报。

“你是谁？”提留斯问道，“你在这儿干什么？”

科里奥兰纳斯解开遮住脸的斗篷，说道：

“你不认识我了吗，提留斯？我是沃尔西人的敌人。我攻下了你们的城市科里奥兰纳斯，所以我才有了这个新名字，但我所做的一切换来的却是恶意回报。那群平民暴徒污辱我，贵族们胆小不帮我。我打算报复罗马。我想加入沃尔西，为你们争战，要比与你们对抗时更勇猛。”

“欢迎，”提留斯叫道，“我们为你的友好感到荣幸，感谢你将在反对罗马的战争中给予我们帮助。”

他们坐到桌边，认真地促膝长谈，讨论斗争的最佳方式。

一天，提留斯召集沃尔西人开会，向他们介绍罗马来的新盟友（伙伴）的情况。然后，科里奥兰纳斯走到人们面前，开始致辞。众人被他的演讲吸引了，发誓要与他共进退。

科里奥兰纳斯带领沃尔西人的军队一起向他的家乡进军，放火焚烧农舍和村庄，占领要塞，多次击退阻击他的罗马军队。整个罗马城进入紧急状态，妇女们在街上到处乱跑，老人们在诸神的祭坛前跪地祈祷。

一些议员曾经是科里奥兰纳斯的朋友，他们主动提出去他的营里议和。

“我同意和解，”他对这些使者们说，“罗马人若把从沃尔西人手里夺来的土地归还他们，我就与你们讲和。给你们三十天时间考虑。”

三十天后，他们再次来到科里奥兰纳斯的营地，说如果沃尔西人放下武器，罗马人将交出一部分土地。

“不，”他回答说，“在我继续开战前，再给你们三天时间考虑。”

第三队使者来了，他们由手拿魔杖和权杖的祭司组成。科里奥兰纳斯像回复议员们那样，坚决地拒绝了他们。

一位名叫瓦莱里娅的聪明女士想出了一个办法。她带领许多罗马主妇去拜访科里奥兰纳斯年迈的母亲瓦罗穆妮亚。到了她家，看见老人和儿媳，也就是科里奥兰纳斯的妻子，一同坐在那里，科里奥兰纳斯的孩子们依偎在母亲和祖母身边。

“我们到您这里来，”访客们说，“是女人之间的事，而不是由元老院或执政官派来的。我们想请求您给予帮助，跟我们一起去见科里奥兰纳斯。告诉他，您虽是他的母亲，尽管他投敌叛国，但罗马人却从没有伤害过您。希望您能使他恢复理智。”

瓦罗穆妮亚答应了她们的请求。她带着儿媳和孩子们，以及一群罗马妇女去了营地。将军坐在他的首领椅上，看到一群人向他走来，起初他以为来人必定又是议员们。当她们走近时，科里奥兰纳斯惊奇地发现是一群女人。他看到了自己的母亲、妻子和孩子。他立刻站起来，跑去迎接她们，亲吻她们，科里奥兰纳斯的眼泪止不住地往下流。

“我的孩子，”他的母亲说，“你知道我们有多伤心吗？罗马的妇女们也很伤心。看到一个罗马人对同胞开战，我们是什么感受呢？在这场战争里，无论谁赢，我们都会痛苦不堪。你的妻子要么看着罗马战败，要么是你失败。如果你赢了，如果你以胜利者的身份进军罗马，你将越过你母亲的尸体，因为我不愿眼睁睁看着罗马被我的儿子攻克。我求求你，和解吧。沃尔西很强大，和解对他们来说也是一种荣耀，而且罗马会感激你。母亲为你做了那么多，你为她做了什么呢？”

说着，老妇人向科里奥兰纳斯下跪，妻子和孩子也一起跪在他的脚下。

“噢，母亲！”科里奥兰纳斯哭着将母亲扶起来，说道，“您这是做什么？母亲，您赢了，拯救了罗马，却毁了我。”

他把这些妇人送回罗马。第二天早晨，他的军队开拔，撤回了沃尔西。沃尔西人之所以同意他这么做，是因为他们觉得只有科里奥兰纳斯才有足够的能力领导他们对抗罗马。没有他，这场战争就不会取得什么有意义的结果。

罗马人欢欣鼓舞，市民们纷纷涌入神庙，向祭坛献上祈福的花环。所有人都称赞那些勇敢地赶赴营地恳请议和的妇女们。

元老院的长老们聚集在一起，颁布了一项法令：妇女们可以得到她们想要的任何奖励。

“我们只想做一件事，”那些妇女说，“为妇女们的幸运之神建造一座神庙，我们自己为神庙捐款。”

议员们表示将公费修建这座神庙。尽管如此，罗马妇女们还是纷纷尽自己所能，捐款修建了神庙。神庙位于城外四英里处，就是当初科里奥兰纳斯的安营之处。神庙的第一任女祭司便由曾经拯救罗马的老妇人——那位年迈的母亲担任。

此后不久，科里奥兰纳斯就被沃尔西人刺杀了，凶手是对他放弃罗马而怀恨在心的沃尔西人。

我不知道你们如何看待科里奥兰纳斯的行为，但我相信你们会钦佩瓦罗穆妮亚和那些妇女们的义举。我希望，读过这个故事的女孩们能明白，你们也能为自己的城市和国家贡献一份力量。

保卢斯的胜利

PAULUS

“你在哭吗，我的孩子？”一位罗马父亲抱着他的小女儿问道。

“珀——珀——珀尔——珀尔修斯死了！”她哽咽着说道。

“你说的珀尔修斯是谁？”

“可爱的小狗啊，爸爸。”

哦，可爱的小狗。但珀尔修斯也是马其顿国王的名字，这位罗马父亲想到的正是这个珀尔修斯。

这位父亲就是卢修斯·埃米利乌斯·保

卢斯将军（约公元前 220—约公元前 160 年），后来改姓马其顿尼库斯，他为罗马征战多年，在西班牙的二百五十多个城池插上罗马的鹰旗。

国王珀尔修斯预料罗马人会来，于是先招募自己人组建了一支军队，然后希望通过雇佣多瑙河两岸的战士来扩充军力。一万骑兵各带一个步兵，来到珀尔修斯的营中成为雇佣军。骑兵身材高大，强壮有力，随时可以与世界上任何人作战，但他们的价格也很高。多瑙河沿岸的每个军官都要求一千枚金币的佣金。

珀尔修斯非常爱钱。他经常清点他的金子，然后再封进袋子里。

“不行，”他对野蛮的骑兵说，“我不能答应你们的要价。太贵了。”

于是，一万骑兵返回了多瑙河，留下马其顿国王硬着头皮去面对罗马人。

夜里，埃米利乌斯·保卢斯开始扎营过夜。月光洒满大地，晚饭时间结束了。这时，一个黑影慢慢地向月亮移动。过了一会儿，月亮蒙上了灰红色的阴影。那是月食，是地球的影子投射在月球上造成的。保卢斯知道要发生月食——天文学家曾经告诉过他，他也事先提醒过军队的士兵，免得他们被吓到。罗马人敲击铜锅，发出很大的声响，挥舞着燃烧着的火把。月食发生时，他们向来都会照祖先的样子去做。马其顿人却陷入了无声的悲哀中。

“月亮上的影子，”他们低声说，“预示着我们国王的覆灭。”

月亮像往常一样再次闪耀时，保卢斯下令宰杀了十一头小母牛，然后烧掉，当作祭品献给诸神。

第二天，战斗开始了。珀尔修斯远远望着迎战的对手。高大的色雷斯人配有白色盾牌，身穿黑色铠甲，手拿长矛；波斯人也在雇佣兵之列；马其顿年轻人身穿紫袍，手持铜制盾牌，他们的盔甲和兵器都闪着光芒。你也许听说过方阵（马其顿密集阵）——马其顿士兵举起盾牌紧紧靠在一起，形成一堵铜墙，然后用长矛向外猛刺。敌人向方阵发起猛攻，但很少能突破这座活的移动堡垒。不过，罗马人并没有被方阵吓倒。下午三点，他们开始进攻，日落时分获胜。保卢斯回到营帐，帐篷里爬满象征胜利的常春藤和月桂树叶。

珀尔修斯和骑兵一起逃跑了。步兵追上来，骂他们是胆小鬼，还将一些人从战马上拉了下来。国王害怕自己也会遭到如此对待，于是，他掉转马头离开大路，卷起紫披风，捆在马鞍上，狂奔而去。几个和他一起逃跑的朋友谁都看不起这个懦夫，其中一人停下来系鞋带，另一个饮马，第三个自己打水喝。他们一个接一个地离开珀尔修斯，只剩下克里特岛的一小队卫兵跟着他（来自克里特岛的人），这些人还指望着珀尔修斯能支付佣金。珀尔修斯随身携带了一大笔财宝，由于担心这些人也会弃他而去，所以给了他们几只金银杯子。他到达安全的地方后，竟然眼泪汪汪地乞求克里特卫兵，要他们归还自己的金杯银杯！

罗马人到处寻找这位丧家之犬般的国王。其实，珀尔修斯早已坐船来到希腊。即使到了海上的这个小岛，罗马人的舰船依然紧追不舍。珀尔修斯和一名克里特岛船员商量好价钱，希望把他、他的妻子、孩子和财宝都装上船送到另一个国家去。这名克里特人先把金银财宝装上船，然后对珀尔修斯说：

“你白天出海不安全。我的船要经过罗马人的舰队，罗马人看见只有我一个人，就不会怀疑。今晚在那边等我，我带你和你的家人上船。”

夜里，珀尔修斯准时在约定地点等候，克里特人却没有出现。一个路过的岛民告诉他，那艘船在几个小时前就启航了。没过几天，珀尔修斯就被罗马人俘虏了，送到将军那里。

保卢斯从座位上站起来迎接他。珀尔修斯拜倒在地，像个奴隶一样抱住将军的腿。

“噢，阁下，”他哀求道，“可怜可怜我吧，啊，可怜可怜我吧！我好可怜啊！”

“的确可怜，”保卢斯回答说，“竟会变成这样。我们罗马人向来敬重勇敢的敌人，瞧不起懦夫。”

接着，保卢斯又征服了马其顿。有时，他的士兵也会违反规定，在希腊各城乱闯，抢夺财物。不过，保卢斯还是竭尽所能保持军纪，和蔼友善地对待被征服的人民。最后，保卢斯乘船回到罗马，市民正等着欢迎他，或者说迎接他凯旋。

凯旋的船只沿台伯河而行，载着俘虏珀尔修斯的舰船上挂着红紫色的帘幕，从敌人手里缴获的长矛和盾牌堆在甲板上闪闪发光。民众站在河岸上欢呼着迎接保卢斯一行。

在欢迎埃米利乌斯·保卢斯的第一天，罗马大街上早已架起平台，供人们站在上面观看游行的队伍。市民们身穿白衣，所有神殿的大门都敞开，殿内墙上挂着花环，祭司正在焚香敬拜。

“他们来了！”人们喊道。

走在前面的是侍卫官，肩扛束棍，为一长列战车开道。这列车队共二百五十辆战车，负责运送从马其顿各城镇俘获的肖像、绘画和大型雕像。

第二天，大批的四轮马车排成一列，运载着头盔、盾牌、胸甲、圆盾、箭袋、剑和长矛。马车后面走着三千士兵，四人一组。有的士兵端着装满银币的盒子或类似的容器，这样的器皿共有七百五十件；有的拿着银质碗、号角、酒器或杯子。

最后一天是最隆重的日子，所有人都早早起床，再次穿上白色的衣服。号手吹响号角，走在前面，身后是一百二十头肥壮的公牛，牛角被镀了金粉，颈项用花环装饰，年轻男子抱着金银器皿跟在后面。接下来是由多人抬着的七十七箱金币。一辆战车驶过，人们看到一副男人的盔甲，它曾经属于国王珀尔修斯。

“可怜的孩子！”人们望着下一辆车，低声说。

这辆车里坐着珀尔修斯年幼的孩子，两个男孩和一个女孩。他们向罗马人伸出双手，乞求宽恕。

珀尔修斯国王走在马车后面。他身穿黑色的衣服，脚上穿着凉鞋。在他身后是一群朝臣，个个愁容满面。

最后是保卢斯的车。四匹白马拉着这辆车，马车周围装饰着花环。保卢斯身穿紫色外衣，紫色的披风上饰有金星，鞋子也金光闪闪。他左手拿一根象牙权杖，右手拿一根月桂树枝。一名奴隶站在他身后，将朱庇特的金冠举在他的头顶上。

罗马人喊道：“哟！哟！哟！胜利！胜利！胜利！哟！哟！”

但是，那个奴隶却不时地在将军耳边低声说："啊，可别忘了你终究会死！"

罗马人正是靠这种方法，勉励自己要在荣耀中保持谦虚。

军队的士兵走在最后，精神饱满地唱着歌，喊道："哟！哟！胜利！"

唉！将军却陷入了极大的悲痛中。在凯旋的五天前，他十四岁的儿子去世了。

另一个噩耗接踵而至。回来的三天后，另一个十二岁的儿子也离他而去。

在一次市民会议上，保卢斯发表了讲话。

"朋友们，"他说，"幸运的风柔和而美丽，但有时也会引起狂风暴雨。我在十五天里征服了马其顿，夺取了许多财物，敌人的国王也成为我的阶下囚。幸运之风吹得确实惬意。然而，我的两个儿子却都离开了我。在我得胜的日子里，我已将他们埋葬。被征服的珀尔修斯的儿子们还活着，而胜利者保卢斯的儿子却都死了。"

人们默默地听着，将军的悲伤触动了他们的内心。

埃米利乌斯·保卢斯死后，全城哀悼。年轻的马其顿人和西班牙人抬着他的棺材。一些马其顿和西班牙的老人跟在后面，说道：

“他虽然征服了我们，对我们却很好。”

不服输的罗马人马塞勒斯

MARCELLUS

一万名高卢骑兵和步兵在平原上准备迎战罗马人。身材高大的国王骑在马上，看起来像个巨人。他的盔甲闪耀着金色的光芒，在阳光下璀璨夺目。

罗马人在执政官马塞勒斯的带领下，排成细长的队伍前进。

执政官策马疾驰，用长矛刺穿高卢人的胸甲。杀死首领之后，马塞勒斯翻身下马，从死者身上取下盔甲，举向天空，说道：

“朱庇特神啊，人们在战场上奋力拼杀，

汉尼拔和马塞勒斯

我把这些战利品圣化给你。希望你能保佑我们在接下来的战争中继续取胜。”

两军交战激烈，罗马人获胜。

不久，一群可怕的非洲人——迦太基人在汉尼拔的带领下，穿过阿尔卑斯山，横扫意大利北部，向罗马进发。十六年后，罗马人打败了这位将军。在坎尼战役中，罗马军队战败，成千上万的罗马人来到这座城市避难。

元老院的长老们决定，不能让这些逃兵留在罗马，应当将他们流放到西西里岛，并下令只要汉尼拔还在与罗马交战，他们就不能踏上意大利的土地。

马塞勒斯带领一支军队在西西里岛登陆，准备攻打锡拉丘兹城时，正巧遇到了这些罗马人。当时，那座海滨城市已经站在了罗马人的对立面。

“噢，阁下，”罗马逃兵对这位将军说，“我们确实是从坎尼的屠戮中逃生的，但我们仍然渴望为罗马服务，随时准备为祖国献身，请让我们加入战斗吧。”

说着，他们便跪在了马塞勒斯面前。

马塞勒斯看他们可怜，想试试他们的勇气，而且对他们还是有信心的。于是，他写信给罗马元老院，问是否可以把这些人收编到他的军队中。

“可以，”元老院回复说，“但是不管他们打得多么好，都不能给他们任何奖励。”

于是，这些人加入了马塞勒斯的队伍，并且表现得非常英勇。

他们对美丽广阔的锡拉丘兹围攻了大约三年。马塞勒斯在港口有舰队，在陆地上也有士兵。舰队由六十艘大帆船组成，船上装满了投石器、石块和其他进攻的武器。八艘军舰被系在一起，搭成宽阔的平台，搭载着高耸的云梯。当这台巨型器械到达靠水边的城墙一侧时，罗马人爬上云梯，跳到城墙上作战。

锡拉丘兹国王看到这台器械居然可以打仗，惊恐万分的他赶紧叫来城里最聪明的人。

“我的朋友，”他说，“你是锡拉丘兹唯一能帮助我的人。扔下你的图纸、图表、三角形、立方体，别管那些圆、圆锥、圆柱、多边形之类的其他东西。现在是危机关头。”

于是，这个城市里最聪明的人忙活了好多天，命令工人们架起能够抛石头之类大物件的器械。正如你将看到的，工程师制造的器械不止这一件。

罗马的船只继续向城墙逼近。

机械开始运行，大量石头和铅块被扔到围攻的舰船上，打碎了锁链，重创了士兵和水手。

几艘罗马船只设法靠近了城墙。然而，器械升起巨大的木梁，木柱的一端重重地砸向船只，压垮了船桅和船上的士兵。

其他器械的威力更惊人，可以从城墙上伸出庞大的铁钩，钩住一艘船，把船从水里提出来一半，然后又猛地抛下去，船便倾斜着沉入水中。

同样，那些试图从地面猛攻城墙的士兵也遭到了威力巨大的机械阻击。罗马人最后简直成了惊弓之鸟，一看到棍子从城墙顶上伸出来，就以为神秘的工程师又要耍什么诡计。于是，乱成一团的罗马人狼狈地撤退了。

马塞勒斯不禁笑起来。

“这个工程师，”他说，“真是无所不能啊。”

这位聪明的工程师名叫阿基米德，是一位伟大的几何学家——也就是说，他擅长研究物体测量和动力。或者，恕我用另一个词来称呼他，他还是一位伟大的数学家。然而，你看，他没有关起门来死读书，也没有沉浸在科学的乐趣中，而是运用自己的技能和天赋来为祖国效力。

不过，马塞勒斯也没有气馁。无论面对什么样的危险，他都不会失去信心。他没有继续从海上和陆上进攻。他猜测，这座城市必将面临粮草短缺的困境。经过一段时间的对峙，锡拉丘兹国王派人去询问，马塞勒斯是否愿意进行协商或会谈。于是，罗马将军便上岸商谈投降的条件。马塞勒斯去了好几次，每次都特别留意水边的某座塔楼，他认为那座塔比城里的其他塔楼更容易攀爬和占领。一天晚上，城里的人们正在庆祝黛安娜女神节。正当他们畅饮美酒时，罗马人爬上城墙，占领塔楼，吹响冲锋的号角，全城人如梦方醒，惊恐不已。经过几个月的围攻，罗马人才彻底占领了锡拉丘兹，将这座城市洗劫一空。

在骚乱中，一个士兵跑进阿基米德住的房子，发现这位测绘专家正在地上画线，全神贯注地思考问题。

“等等！等等！”阿基米德喊道，“不要打扰我。我很忙！”

士兵举起剑杀死了阿基米德。马塞勒斯听闻此事后非常难过。

夺取锡拉丘兹后，马塞勒斯又在意大利与汉尼拔开战。一次战斗中，马塞勒斯失利，士兵溃不成军，垂头丧气地返回营地。马塞勒斯命令所有将士排好队，开始向他们讲话。

“在我面前，”他严厉地说，“我看到了罗马人的武器和身体，但没有一个真正的罗马人。”

“将军，”其中一名士兵喊道，“我们也为逃跑感到后悔。”

“我不会原谅你们，”马塞勒斯说，“除非你们能将功补过。明天，你们将再次迎战敌人，不管胜利与否，罗马都会第一时间收到消息。”

然后，他转向储备主管，补充说：

“给这些逃兵吃大麦。”

于是，他们的晚饭是大麦，其他人吃小麦。

第二天一早，将军的帐篷上挂起一块红布。那是战斗的信号。吃大麦的士兵走在队伍的前面，这正是他们希望的位置。

汉尼拔的大象队伍看似令人生畏。可是，一个罗马士兵用长矛刺向其中一头大象，这头大象急忙后退，其余大象也跟着跑了。迦太基的军队立刻乱作一团。罗马士兵——吃大麦的在前，吃小麦的跟在后面——愤怒地向前冲去，一举打败了汉尼拔。

马塞勒斯第五次被选为罗马的执政官，这也是最后一次。因为他很快便要离开人世了。

马塞勒斯急切地想再与汉尼拔交手，争取最后的伟大胜利。终于，侦察兵赶来报告，迦太基将军就在附近，而且离威尼西亚很近。

两军之间有一座小山，山上长满了灌木和矮树丛，山体凹凸崎岖。汉尼拔在凹地里埋伏了许多弓箭手和长矛手。罗马人急于占领这座小山，以便从山上俯瞰敌人的营地。

马塞勒斯和他的副将儿子率领二百二十名骑兵，朝山上跑去。汉尼拔早已安排一名哨兵到山顶警戒，一看到马塞勒斯来了，便通知战友们。当罗马人出现在山坡上时，埋伏的敌军冲杀出来。战斗进入到白热化阶段，部分罗马士兵慌忙逃窜，还有一些紧紧跟在将军身边。最后，两名执政官都没有幸免，当时是公元前 208 年。

强大的迦太基将领听说马塞勒斯已死，便来到马塞勒斯战死的地方，久久地伫立在那里，默默地注视这个从不服输的男人。汉尼拔是勇士，所以他敬重别人的勇敢。于是，他向随从下令：

“为马塞勒斯穿上华丽的长袍，然后在柴堆上火葬。把骨灰放在银瓮里，在瓮盖上放一顶金冠，送给他的儿子。马塞勒斯是高贵的罗马人。”

严厉的加图

CATO

在罗马军队里，有一个十七岁的小伙子曾和汉尼拔交过手。他的头发是红色的，灰色的眼睛闪烁着光芒，大声叫喊时就像咆哮。这个年轻人叫加图，军队里谁都没有他勇敢。

战斗结束后，他便回到自己的营帐。在那里，他会帮助奴隶准备简单的晚餐。除了水，他几乎不喝任何其他的饮品。如果累了，他会在杯子里加点醋。他几乎从没喝过酒。

加图拥有一处庄园和一座农舍。在他的住宅附近，立着一座老式的小屋，乡下人指着它说：

“这座小屋曾经属于那位吃萝卜的执政官。”

的确，故事是这样的：一天晚上，执政官马尼乌斯·居里乌斯坐在壁炉旁的角落里，正在削萝卜准备晚饭，这时一群人悄悄地走进来，好像并不想让过路人听到。他们是萨莫奈人的使者，当时萨莫奈人正与罗马交战。他们给马尼乌斯带来一大笔金子做礼物，想拉拢这位敌军勇士以获得他的帮助。

“不，”马尼乌斯说，“瞧瞧我的晚饭，我很知足，怎么会需要你们的金子；我认为征服萨莫奈人比收取他们的金子更荣光。”于是，使者灰头土脸地走了。

所以，加图看着古老的小屋，对自己说：

“我想过马尼乌斯那样简单朴素的生活，我想像他那样成为罗马的名人。”

他穿粗布衣服，和奴隶们一起工作，和他们吃一样的面包，喝同样的水。他不仅亲自工作，而且言语诙谐睿智。邻居去法院向法官申诉时，加图就会代他陈述，因此，他很快就成为罗马法庭上的辩护人（发言人）。人们经常引用他的妙语警句，比如：

“聪明人从愚人那里学到的东西比愚人从聪明人那里学到的东西多；因为聪明人会吸取愚人的教训，愚人却不会学习聪明人的经验。”

还有一句：

“我不喜欢这样的士兵：行军时挥手，作战时腿抖，睡觉时的呼噜声比杀敌时的呐喊声都响亮。”

加图被选为执政官，率军在西班牙参战，接连征服了四百座城市，并且还在多瑙河沿岸与野蛮部落作战。此外，他还曾与入侵希腊的叙利亚国王交战。叙利亚多山，国王占据山中的隘口，筑墙筑堤，加强防御。加图决定带领一队身强体壮的士兵，在一名俘虏的引导下夜袭国王军营。但是向导迷路了，加图和他的同伴们只好在岩石和灌木丛中游荡。他命令其他人原地待命，自己和一位朋友顺着悬崖下的野生橄榄树爬上去。很快，他们找到了一条畅通的出路。然后，他们召集山下的士兵跟在后面，所有人最终到达了山顶。可是，他们却无法继续前进了，因为脚下是悬崖峭壁。东方的天空开始泛起灰色的亮光，白昼即将来临，悬崖下传来一阵嘈杂声。加图看到国王的营地就在远处，声音就是前哨守卫发出的。几个罗马人从山崖上爬下去，赶走守卫，只俘虏了一个人。俘虏告诉加图，六百名叙利亚士兵早已封锁了通往山口的通道。

加图手拿利刃走在前面，号手吹响了冲锋号。其余的部队从另一个方向冲进营地，叙利亚国王如同失去獠牙一般无助，军队慌忙逃入一条狭窄的道路，一端被岩石堵死，另一端是泥泞的沼泽，许多人在这里丢了性命。

加图被罗马市民选为审查员，负责监察人们的日常行为和举止。对此，他恪尽职守，列出家中衣食丰盈的富人名单，对他们征收高于穷人的赋税。当他发现一些贪婪的市民使用公共喷泉的专用水浇灌自家的花园时，便切断了他们的水管。可见，他得罪了权贵，却保护了公共利益。他不喜欢一切徒劳的表象，反而崇尚斯巴达人的生活方式，这一点我在希腊人的故事中已经告诉过你们。他会惩治一切虐待行为。比如，他常说，男人殴打妻子和孩子，是对世界上最神圣事物的残忍虐待。

像其他罗马父亲那样，加图没有让他的儿子师从奴隶。他亲自教孩子投掷、骑马、拳击和游泳。此外，他还教他们用大写的粗体拉丁文书写；他的儿子学了很多关于古罗马的故事，就像我在书中提到的那些。

加图的财富与日俱增：不断扩张的土地，越来越多的奴隶，但他十分节俭，攒钱买鱼塘、热水浴池、漂洗衣物的院子和牧场，然后再租出去收取租金。他甚至借钱给他的奴隶，让他们在奴隶市场上买男孩，训练孩子们做各种各样的工作，然后再把男孩们卖给加图以获利。这在你们看来也许是恶事，但希腊人、罗马人、希伯来人和古时候的其他各邦都在豢养奴仆，而且认为这样做并没有什么罪过；而且在很多情况下，奴隶们也会得到很好的待遇。

他对罗马市民和奴隶都非常严厉，对罗马的敌人更是残酷。当时，罗马还在与非洲海岸的著名城市迦太基交战。加图憎恨这座城市，因此不管说什么，他在罗马广场上的演讲最后都会以“必须摧毁迦太基”来结束。例如：

“罗马人哪，教导我们的孩子强身健体，勤俭节约，为国鞠躬尽瘁。还有，必须摧毁迦太基！”

或者是：

“私占公物就是贼，哪怕他出身高贵，居住华府。还有，必须摧毁迦太基！”

迦太基的确于公元前146年灭亡了，但那时加图早已不在人世，他死于公元前149年。

我很遗憾地告诉大家，加图的奴隶又老又没用的时候，就会被加图卖掉。普鲁塔克的书中记载过这样的故事。普鲁塔克心地善良，他对如何公正地对待奴仆，甚至是那些为人类服务的动物都有睿智的论述，我把他的话抄录下来分享给你们：

高尚的人会精心照料他的马和狗，不仅在动物年轻力壮的时候，即使它们老了或无用时也会如此。所以，雅典人建成一座庙宇后，都会放生那些从事这一工作的驮兽，任其自由生活在牧场，无需再受任何奴役。据说，后来有一头牲畜又自愿回来干活了，而且还走在那群正在干活儿的牲畜前面，最后还是回到了城堡。这件事令百姓们欣喜不已，他们通过了一项法令：只要这头牲畜活着，就由城邦出资喂养。基蒙[4]

---

[4] 基蒙，希腊雅典的政治家和将军，父亲是马拉松之战的胜利者米提亚德斯。

在奥运会上三次获胜，都离不开一匹母马的帮助，人们如今依然能看到这匹母马的墓地就在基蒙陵墓的旁边。许多人在埋葬他们珍视和喜爱的狗时，都会特别地敬重。其中，有一条狗曾在萨拉米斯战役中跟在一条战船的舷边，后来被它的主人葬在海边的一个岬角上，这个地方到现在都被称为“忠犬之墓”。所以，我们不应该将这些活生生的动物当作鞋子或家用物品，用坏了就扔掉；如果我们想学会对人类仁慈，就应该对其他生物悲悯。就我而言，我甚至不会卖掉一头为我辛苦劳作的老牛，更不用说为一点钱赶走为我服务过的老仆，让他离开平时吃住的地方，这样对他来说实在可怜，无异于流放。因为对买主和卖主而言，他没有一点用处。不过，加图的想法却不同，他在担任执政官时，将自己的战马留在西班牙，以便节省运送战马的公费，他本人似乎对这个决定非常骄傲。

孩子们，普鲁塔克比加图的精神更加高尚，我想你们可能会同意我的看法。普鲁塔克的小女儿非常善良，这一点让她的父亲非常自豪。“当她很小的时候，”普鲁塔克说，“保姆给她喂过奶后，她经常会让保姆也给其他孩子喂奶，包括她视为仆人的玩偶娃娃。”听到这样的故事，你们也会很欣慰的。

唉！可惜，普鲁塔克的小女儿在很小的时候就夭折了。

吃干面包的马略将军

MARIUS

“非洲战争结束了。罗马雄鹰又一次赢得了伟大的胜利。”

“啊，”另一个罗马人回应道，“虽然南方的敌人被打败了，但在北方——白色的阿尔卑斯山那边，还有更强大的敌人。”

“什么人？”

“他们像巨人一样高大，长着蓝色的眼睛。他们是两个民族：辛布里人和条顿人。”

“我们哪有强大的将军来对付他们呢？”

“当然，我们可以依靠粗犷大嗓门的马略。

他不像那些优雅战士，喜欢住在有软垫子的帐篷里。他和士兵同甘共苦，一起吃干面包。”

马略出身平民，生活在公元前155年至公元前86年间。他年轻时是农民，后来到了军队里，成了一名勇敢的战士，当上了睿智的队长，然后成了将军。他不从有田产的人们中拣选士兵，而是拣选穷人—— 一无所有的无业者。他训练这些人，教他们吃苦耐劳，这些人也愿意为他赴汤蹈火。

罗马人选择在阿尔卑斯山附近扎营。两只秃鹰在他们的头顶拍动翅膀的时候，罗马人欢呼起来，认为秃鹰在向他们敬礼，这是胜利的征兆。这两只秃鹰不久前被捉到过，它们的脖子上挂了小铜环，所以人们很容易就能辨认出来。

营地附近有条小河，是军队里人畜的水源。他们取水时，在河岸上看到有条顿人，但他们还是带着兵器，拿着水罐来到水边。于是，一场小规模的冲突发生了。敌人迅速集结兵力，先头部队有三万人，而且来自同一部落。双方长矛相向，呐喊声震天。蓝眼睛的条顿人蹚水出击，罗马人也发起了冲锋。战斗一直持续到太阳落山，星辉洒满山丘、平原和双方的营地。

到了晚上，马略派出三千人的小分队，埋伏在条顿人的阵地后面，准备发起突袭。

拂晓时分，罗马军队开始从扎营处下山，虽然行进缓慢，但前锋坚如高墙。北方森林里凶悍的巨人们多次向罗马部队冲去，但是都被击退了。条顿人身后的树林里传来一阵喊叫，埋伏的三千人迅速杀出来。就这样，条顿人战败。成千上万的人被俘，胜利者马略缴获了大量战利品。这是公元前 102 年发生的一场战役。

第二年（公元前 101 年），马略在意大利北部遭遇了辛布里人。他们拥有一万五千骑兵，头戴铁盔，形状如野兽头，上面还有飘动的翎毛；他们穿着闪亮的铁甲，手持铁盾。远距离战斗时，他们投掷标枪，近处时就用又宽又重的兵器搏斗。不过，他们同样难逃败给马略的命运。罗马人追击辛布里人时，眼前的景象令他们震惊不已。辛布里人战车的后部坐满了妇女和儿童。妇女们把箭射向那些逃兵，她们杀死的也许是自己的丈夫、儿子或父亲。她们还会亲手掐死自己的孩子。最后，在落入罗马人手中之前，她们便自杀。这就是英勇的辛布里妇女。

马略把罗马人从北方野蛮人的手中解救出来，因此深得人民爱戴，并且连续五年被任命为执政官。在他执政期间，他更关心人民，而不是贵族阶级——富有的贵族。一个名叫苏拉的奸人成立了强大的贵族党派反对马略，马略不得不乘坐一艘支持他的船逃亡海滨。

要是你知道他的孙子是如何从苏拉手里逃脱的，肯定会非常开心。一天夜里，这个年轻人正在房间里收拾行李，这些都是他认为对马略流放有用的东西。时间慢慢流逝，终于等到天亮。这时，苏拉的骑兵出现了。庄园里的农民一看见他们，便急忙把年轻人藏在一辆装满豆子的牛车里。农夫以最快的速度赶着牛车超过骑兵，骑兵只看到了车上的豆子，而没有看到豆子下面那个年轻的罗马人，他的心都快提到嗓子眼儿了！

马略乘坐的船在海岸的某处停了下来，由于晕船，将军上岸时非常高兴。他遇见一群放牛的乡下人，请求给点吃的。但是他们认识马略，就说没什么可以给他的，并恳求他马上离开这里，免得苏拉以为他们窝藏马略而迁怒于他们。马略只能乘船继续航行。第二天，马略又停下来，和他的几个伙伴躲在茂密的树林里。他们又饿又累，但并没有失去信心。

“我的朋友们，打起精神，”他说，“小时候，一个鹰巢连同几只雏鹰都落在我的膝上。这个迹象表明好运迟早会光顾我。”

一支骑兵中队出现了。马略和他的伙伴们跑到海滩上，跳进海里，奋力游到两艘正在近岸航行的船上。追赶的骑兵喊道：

“马略在船上！我们以苏拉的名义命令你，快把他交出来！”

刚开始，船员们觉得应该照做，但很快就改变了主意。最后，他们拒绝了骑兵，骑兵骂骂咧咧地离开了，但是船员们也不敢收留这位著名的将军。于是，他们借口风向不对，必须等待时机，让马略先上岸，在草地上休息。他们把马略送上岸后便开船了，只留下马略一个人。

岸上荒无人烟，孤寂凄凉。马略跨过一条小溪，看到沼泽中有一座简陋的农舍。他扑倒在村民的脚下，请求庇护，说敌人正在追捕他。

“跟我来。”好心的老农民说。

老农民把马略领到河边的一个山洞里，地上放了一张干芦苇铺的床，让疲惫的马略在那里安全地休息。不久，马略就听到了追踪者的声音，他从洞里急忙跑出来，穿过泥泞的沼泽，淤泥一直没到他的脖子。很快，他就被发现了。于是，又脏又湿的他被带到最近的镇上去见执政官。

最后，马略被判死刑。于是，一个人手持刀剑，走进漆黑的房间，奉命处决马略。昏暗的房间里，马略的身形隐约可见，他目光轻蔑地大喊：

“你敢杀马略？”

他的表情和声音是如此的威严，以至于那个想杀他的人胆战心惊，一边跑，一边大喊：

“我不能杀马略！”

这时，镇上的许多人聚集在监狱门口，希望能救出将军。

“放了马略，”他们喊道，“是他拯救了意大利！”

于是，马略得救了。人们把他带到海边，一位忠实的支持者为他准备了一艘船，人们目送他上了船。过了些日子，他在非洲海岸登陆，看到了那里的残垣断壁，那是曾经屹立不倒的骄傲的迦太基城。马略希望当地罗马执政官能助他一臂之力，但市政官员要求马略必须立即离开，否则会被当作敌人。

马略陷入了沉思。一想到自己像野兽一样被驱赶，到处流浪，他的内心非常难过。官员问他如何打算。

“告诉你的主人，”流浪者说，“你看到被放逐的马略坐在迦太基的废墟中。”

我想，马略是在表达这样一种意思：即便宏伟如迦太基一样的城市，终究难免沦陷；即便声势显赫如他自己那样的政治家，也会从高位跌落。

于是，这位不幸的将军再次开始了他的流浪之旅。苏拉前往东方，与罗马的亚洲敌人作战。马略认为他的机会来了，于是在意大利北部的托斯卡纳海岸登陆。

“我宣布，所有愿意帮助我的奴隶都将获得自由。”他向登陆时迎接他的人们说道。

不光有奴隶，还有自由人——农民、牧羊人和其他工人都来帮助他。他们认为马略是穷人和底层人的朋友，如果他成为罗马的主人，穷苦的人们就会过上好日子。就这样，马略很快便组建起一支大军。他开始向罗马进军，把士兵安置在一座俯瞰全城的山上，准备随时进攻。

议院（也就是元老院）发出信息说，罗马城愿意投降。

接着，可怕的一幕发生了。马略特别挑选了一群嗜血的人，让他们在街上巡逻，负责处死马略认为该死的人员。如果有人经过，向马略鞠躬，这位老将军没有回礼的话，这就是厄运的征兆，那个人会被立刻处死。

然而，马略终究也忘不了自己的残忍行径。晚上，他躺在床上辗转反侧，想到那些被他杀死的人们，思索苏拉将如何从亚洲回来，然后会发生什么。有个声音似乎总在他耳边回响，一遍又一遍地重复道："远方蛰伏的雄狮是可怕的，远方蛰伏的雄狮是可怕的——可怕的——"

就这样，马略浑身发烫，内心纠结，卧病在床，在七十岁时离开了人世。

你看，当罗马的不同政党斗争时，罗马是如此的混乱不堪。

幸好，一个坚强的意志很快就会使罗马恢复秩序，给共和国带来和平。这便是尤利乌斯·凯撒的意志。

红脸将军苏拉

SULLA

“着火了！”士兵们大喊。

事实上，不是房子着火，而是地上的一个洞里突然冒出了巨大的火苗。

全军都停下来观看这一奇怪的景象，名叫苏拉的将军召集占卜者解释着火的寓意。他们低声讨论了一段时间，然后其中一个占卜者说：

“将军，正如火焰从地下突然冒出来一样，意大利将会出现一位高尚的人，勇敢而英俊的他将会终结罗马共和国的障碍和麻烦。”

苏拉会心一笑。

“那个人就是我。至于英俊，我金色的头发就是最好的证明。说到勇敢，我经历的那些战斗足以显示我的勇敢。”

其实，火焰也许只是火山爆发的产物。

不过，其他奇怪的预兆（或迹象）也随之发生了，而且也被认为预示意大利即将发生灾难。一天，晴朗的天空突然传来尖利而嘹亮的号角声，可是却没有号角的踪影。又一天，罗马元老院正在开会，一只麻雀飞进大厅，嘴里叼着一只蚂蚱，蚂蚱被它咬成了两半。占卜者（或预言家）认为这是意大利人将被分成两派的征兆。唉！人们在战争中确实形成了两派；但你大可不必相信号角的故事。至于另一个故事，麻雀把昆虫咬成两半本就是一件稀松平常的事！

“苏拉”的意思是红色，这位罗马将军之所以得此名，是因为他的皮肤是深红色的。他那忧郁的眼神中透露着暴躁，固执的脾气里掺杂着残忍。然而，苏拉（公元前138年—公元前78年）有时似乎只在意享乐，会在小丑和舞蹈演员的陪伴下度过数小时甚至数天。

本都（小亚细亚）的国王米特里达特的军队入侵希腊，罗马人派苏拉前往希腊赶走强敌。

红脸将军每到希腊的一座城市，城门都会向他敞开，所有的公民也都愿意向罗马臣服，因为他们知道罗马一定会打败本都国王。唯独雅典没有屈服。苏拉包围了这座城市，并且决心要拿下雅典。于是，为了攻破城墙，他调集多台攻城器械，足足用了一万头骡子来拉。苏拉迫切需要作战的经费，便派了一名信使前往特尔斐著名的太阳神阿波罗神庙，命令祭司们交出他们的财产。

“听，”祭司对使者说，“你没听见弹琴的声音吗？是太阳神自己在殿内弹琴演奏。”

信使给苏拉写了一封信，讲述了这个故事。红脸将军笑了，回复说，太阳神弹奏美妙的乐曲，表示他很乐意把金子送给苏拉。于是，可怜的祭司们不得不放弃宝贵的财产，甚至不得不交出他们奉为珍宝的巨大的银瓮。

与此同时，雅典人民正在挨饿，不得不靠树根皮革充饥。最后，守军司令派出一些人去求和，但他们却开始吹嘘古代为雅典而战的伟大英雄，真是愚蠢至极。

“去吧，高贵的灵魂们，”苏拉嘲讽道，“把你们精彩的演讲带回去吧。我奉命到雅典，不是要学习你们的古代史，而是来责罚那里的悖逆之民。”

过了不多时，苏拉攻破雅典城，残杀街头的市民。

本都国王的军队在岩石山上的阵地易守难攻。两个希腊人找到苏拉，表示愿意带领一队人到山顶，从后面突袭敌人。苏拉给了他们一小队罗马士兵。于是，这些人开始沿一条狭窄的小路爬行，亚洲人并没有发现他们。苏拉在前面进攻时，小队罗马士兵突然在山顶高声欢呼，开始俯冲出击。敌人急忙向山下撤退，从一块岩石跳到另一块岩石上，结果遇到了苏拉军团的长矛。本都军队中有一万五千人是奴隶，这些人得到了许诺，只要打败罗马人就能获得自由，可惜只有少数人幸存下来。

没过几天，战斗再次打响。敌人驻扎在沼泽地附近，苏拉命令士兵们开挖战壕。这样一来，他的骑兵就可以把敌人从另一个方向赶到泥泞的沼泽地，而这些沟渠可以防止亚洲人从一个方向逃跑。但是敌人朝沟渠方向发起了猛攻，可怜的挖掘人员在战壕里无处躲藏，只好四散逃命。这时，红脸将军从旗手手中夺过雄鹰旗，从逃窜的士兵中间挤过去，喊道：

“罗马人，那就是我将倒下的荣耀之地！要是有人问你们在哪里抛弃了自己的将军，记住它就在这里！”

这番话使他的部下羞愧难当，于是他们重新团结起来支持苏拉，战斗最后以共和国士兵的又一次胜利告终。不久，希腊脱离米特里达特的势力，而米特里达特也希望和平共处。苏拉饱受痛风的折磨，决定去泡温泉，据说温泉水有治病的功效。在那里，他洗了洗肿胀的脚，在舞蹈演员和小丑的陪伴下，度过了一段悠闲的时光。

在返回意大利的途中，苏拉行军到亚得里亚海的海岸，经过一处绿草如碧、绿树成荫的地方。有人给红脸将军送来一个非常奇怪的人——森林野人——当时这个人正在地上睡觉。

来人把这个奇怪的生物带到苏拉面前说：“这是萨提尔。”通常，萨提尔出现在古希腊雕塑家的雕刻作品中。他们让他看起来像一个淘气的家伙，长着哈巴狗鼻子，卷曲的头发，耳朵尖像山羊的耳朵，还有一条短尾巴。萨提尔常常在森林里捉弄旅行者，然后嘲笑他们给自己带来烦恼。据说，苏拉面前的萨提尔不会说话。有人用拉丁语、希腊语、波斯语问他问题，但都没有用，他回答的声音听起来像马的嘶鸣或山羊的咩咩声。苏拉被眼前的景象吓了一跳，然后赶走了那个所谓的萨提尔。

是啊，看到这个畸形的生物，听到他刺耳的声音，确实令人不悦。但是苏拉自己又是什么模样呢？他长着人的形体，四肢很匀称，头脑很聪明，可他的行为却非常残忍。他到达意大利时，设法去了罗马，企图镇压人民党派的平民，因为他自己属于上层阶级，或者说是贵族。在整个意大利，到处都是勇敢诚实的人，他们在田间或集市努力工作，或在罗马军队中服役，但他们却无法升级为自由人，在公共事务中没有投票权。虽然他们中有许多人发起了叛乱，有些人也获封为自由人，但在这片土地上仍有许多令人痛心的争端，普通民众和苏拉所属的富有的贵族阶级之间的仇恨就非常强烈。

于是，罗马城外发生了暴动，苏拉获胜后进入城中。

这里还有一个残忍的故事，说他把六千名犯人赶进一个院子里，然后全部处死，可怜的囚犯大声哭喊，声音清晰地传到了罗马元老院，当时他正在那里向元老们发表演说。他在公共场所列出一份公民名单，上面写着“囚禁”或“死刑”公民的名字。这些人都被处死后，他们的财产归了陌生人。第一天，八十人被杀；第二天，二百二十人；第三天，超过二百二十人。苏拉宣布自己成为独裁统治者，拥有一切生杀大权。平民党派的处境十分艰难，而贵族们却非常高兴。

苏拉认为人民党已经完全被他所威慑时，便放弃了自己的高级职务，以一个普通公民的身份生活，在街上行走时也不带一名卫兵。后来，他退居到海边的一座别墅里，于公元前 79 年死在家中。他的葬礼上燃烧了大量的肉桂和其他香料，但他给人们的记忆却并不甜美。谁能喜欢一个造成巨大痛苦和悲伤的人呢？

有一个罗马人，他来自被苏拉毁灭的城市，或许我们更愿意铭记他。众多被苏拉称为叛乱者的俘虏都被处以死刑，只有他一人例外，因为红脸将军曾经在他家度过了一段愉快的时光。

“不，”这位高贵的罗马人说，“我的同胞中有这么多人死于不公，我又怎么能苟活！”

于是，他融入人群，他的尸首也与众人的尸首一同躺卧。虽然他没有留下名字，但是我们一定要向这位无名英雄致敬。

战场和花园

LUCULLUS

雪花簌簌地落下，十队罗马步兵，约六百人，在暴风雪中挣扎。骑兵的战马在结冰的地上打滑，许多士兵被埋在雪堆中，死于严寒。但是将军卢库勒斯（公元前110年—公元前57年）却不顾暴风雪，命令军队继续前进。他们追上敌人——本都国王米特里达特的军队，大肆杀戮，俘虏了一万五千人。

本都国王从水路逃脱，随多艘帆船行驶在黑海上。暴风雨来临，许多船只失事，破碎的木板和索具散落在海岸上长达数英里。国王乘坐的帆船也进了水。一艘黑海海盗的船正好经过，国王幸运地得到了他们的帮助，最终到达本都海岸。

这位罗马的将军意志非常坚定。显然，他不会让本都国王独自逃生，而让自己的士兵在他的命令下战风雪，斗冰雹，面对死伤。

本都国王重新发动战争时，选择在高山和森林之间的平原上扎营。罗马人的军营就在不远处。一天，国王的部下正高声叫喊着追赶一只鹿，许多罗马人便从营地冲出来攻击这些亚洲人，随即发生了一场小规模冲突。但是，罗马人最后撤退了。

卢库勒斯在营地的城墙上观看了这场战斗（你知道，那些营地由土墙围成，墙上有门）。他独自从城墙上跳下来，朝战场走去。

“站住！”他对第一批逃回来的士兵喊道。

他们停下脚步，其他人也一反混乱局面，而是继续对敌人进行坚决的抵抗，最后终于将对方击退。

但卢库勒斯对此并不满意。他召集全军，命令那些在敌人面前临阵脱逃的士兵脱下外衣，解下腰带，去挖一条十二英尺长的壕沟，其余的士兵看着他们挖。挖沟被认为是士兵的一种奇耻大辱。

过了几天，罗马人闯进亚洲人的阵营。国王自己的财物被抢掠一空，军队也惊惶失措。有人甚至为了首领所穿的紫袍而将其杀死；一群穿过营门的士兵将米特里达特国王卷了进来。罗马人正要靠近他，突然一头骡子跑过来。骡子的背上驮着一袋金子，士兵们立刻抓住骡子，就黄金的归属问题争吵起来。这时，国王便趁机逃跑了。

后来，罗马人成了小亚细亚的主人。本都国王逃到了女婿——亚美尼亚山地国王提格拉尼斯那里。一个名叫阿庇乌斯的罗马人也赶到了亚美尼亚国王的宫廷。

这位国王拥有广阔的疆域。每当他骑马外出时，便有四个穿短外套的男仆跑在他前面，像骏马一样飞快。这些仆人自己曾经也是国王。

提格拉尼斯坐在宝座上。四个国王双手合十站在一起，以示自己的奴隶身份。许多朝臣身着华丽的长袍。

罗马人阿庇乌斯面无惧色，环视周围衣着耀眼的人们。

“陛下，”他说道，“我奉长官卢库勒斯的命令而来。他要求你们把本都国王米特里达特交出来。”

“为什么？”提格拉尼斯问道，竭力装出一副不把对方放在眼里的样子。

“卢库勒斯凯旋穿过罗马的街道时，让他跟在卢库勒斯队伍的后面。”

“要是我不放人呢？”

“那么，陛下，罗马人就会向你宣战。”

听到这里，所有人都觉得十分震惊，还从未有谁敢对国王说出如此冒犯的话。

果然，战争开始了。亚美尼亚的主要城市位于积雪覆盖的托罗斯山附近。提格拉尼斯聚集了大批的骑兵、弓箭手和投石手。此外，他还雇佣了三万五千名拓荒者去铺路建桥，为战士们提供木材和饮水。

在河边肥美的土地上，有一小支约六千人的卢库勒斯军队，他们密切关注着城里的动向，还有一万一千人早已做好了攻击提格拉尼斯大军的准备。

提格拉尼斯俯视山下的一小群罗马士兵，看着他们向河边走去。他身边的亚美尼亚人嘲笑敌人的兵力弱小。

“罗马人害怕了！他们要撤军！”他们高声喊道。

看起来似乎是这样，但只有一个朝臣不这么认为。

“陛下，”朝臣对国王说，“罗马人撤退时，是不会戴头盔，擦亮盾牌的。”

很快，罗马人便突然转向右侧，抵达一处浅滩。走在最前面的那个人扛着鹰旗，蹚过河流；其他人依次跟在后面。

“这些人是来攻击我们的吗？”提格拉尼斯惊呼。于是，他急忙部署军队迎战。

卢库勒斯正要踏入河流时，一个军官说：“将军，这是罗马历史上黑色的一天。就在这一天——10月6日——北方的辛布里人在意大利打败了我们国家的人。”

卢库勒斯说：“我要让这一天变成罗马人快乐的一天。”

两军进行了激烈的拼杀。卢库勒斯带领一队士兵爬上一座小山，冲他的部下喊道：

“胜利属于我们，战友们！胜利是我们的！”

确实如此。山谷里尸横遍野，但（据说）罗马人只有五人战死，一百人受伤。那位蔑视敌人的国王一败涂地。

卢库勒斯在遥远的亚美尼亚山区奋力前行。罗马人从未离家这么远过，他们在多石的山路里艰难行进，冰寒路滑，跋涉在广阔孤寂的森林中。最后，他们终于失去了耐心，觉得征服这片蛮荒之地毫无用处。卢库勒斯听到了他们的窃窃私语，于是便下令撤退。

不久，卢库勒斯返回罗马，在小亚细亚的职责被著名的庞培将军所接替。

罗马为卢库勒斯举行了盛大的凯旋仪式。在游行的队伍中，有十辆车轮上装有镰刀的亚细亚战车；六十名贵族俘虏；还有一百一十艘舰船，船头是铜制的（这些当然是用马车拉着的）；约六英尺高的米特里达特国王的纯金雕像；二十箱银器、三十二箱金杯和金币；八匹骡子驮着金床榻；五十六匹骡子驮着银锭；一百零七头骡子驮着银币。

现在，所有艰苦的战役和胜利都结束了，卢库勒斯下一步的计划是什么呢？

你们听说过那不勒斯湾吧——蓝色的大海，覆盖着绿树和藤蔓的山丘，以及后面的维苏威火山。罗马老将军决定在这片美丽的海岸定居——吃喝享乐。于是，他在这里建起一座富丽堂皇的别墅，或者说是豪宅，里面有许多房间。别墅里到处是大理石、金银、昂贵的紫色地毯。众多奴隶穿梭在各个房间里。喷泉喷出的水柱使客厅变得凉爽而富有音乐感。晚上，在奴隶们甜美的笛声中，贵族们享用晚餐。他在罗马附近还有一幢别墅，那不止一间盛宴厅，最大的一间以阿波罗命名。

一天，卢库勒斯在罗马广场遇到两位朋友——演说家西塞罗（公元前 106 年—公元前 43 年），还有庞培将军。

“你好，卢库勒斯，”西塞罗说，“我们很久没在一起共进晚餐了。”

“没有什么事能比今晚请您吃饭更使我高兴。”

“多谢，但不必为我们准备盛大的宴会。咱们一起吃顿家常便饭。”

“我亲爱的西塞罗，你一会儿就能听到我的安排，绝对简单朴素。”

于是，他叫来一名奴隶，吩咐道：

“我和两个朋友今晚要到阿波罗吃饭。”

“好的，主人。”

一切都已安排妥当。他们到达别墅时，发现阿波罗宴会厅里铺着金、银、紫色的地毯，桌上摆放着金盘子。乐师的音乐响起，舞者在光亮的地板上跳舞，四周飘散着玫瑰花瓣，一看就知道这场宴会花费不菲。

卢库勒斯有专门的书房。学者（或智者）可以在书房阅读，或坐在门廊下讨论。他的许多长廊里都摆放着价值连城的画作和雕像。

别墅四周有多座大花园，可供人们坐在雪松的树荫下休息；桃金娘和无花果树的上方是高大的棕榈树；美丽的鲜花簇拥在一起；喷泉水花四溅，光彩夺目；人们穿过绿色的拱门，在蜿蜒的小路上散步。卢库勒斯在那不勒斯的花园里建造了大池塘，从邻近的大海引水，在池塘里养着各种各样的鱼。

这就是卢库勒斯的别墅和花园。

卢库勒斯斥巨资用于享乐，这种做法对吗？

也许你会说钱是他自己的，是他的战争所得。

的确，他在战争中付出过艰辛，但军中其他人同样战斗过，他们从战场上回到家里，却依然在田间辛勤劳作，住在简陋的房子里。除此之外，意大利还有很多穷人。一面是这些处境贫寒的人，一面却是盛大的宴会，这样对吗？

再者，维持别墅和花园离不开奴隶的劳动，所以富丽堂皇的别墅里禁锢着一群失去自由的男女。

况且，别墅和花园都是他个人的私有财产，如果全体人民都能欣赏到它们的美丽，那么我们也许会心生钦佩。但即使那样，我也不觉得耗费如此多的金银，生活就会明媚快乐。

不要忘记，卢库勒斯的财富是从亚洲人那里掠夺来的。他们中有多少人因为卢库勒斯的花园，不得不过着更加悲惨的生活，缴纳更多的赋税！

爱财的克拉苏

CRASSUS

海滩上耸立着怪石嶙峋的悬崖峭壁，岩石中有一处黑暗的洞口，那是一个山洞的入口。海浪拍打着沙滩，在洞口附近的岩石上飞溅开来。

一个男人提着一个大篮子沿着海滩走来。他环顾四周，确认没人发现他，然后他把篮子放在洞口，便迅速离开了。这时，太阳正在落山。

不久，一个仆人装束的罗马人出现在洞口。他拾起篮子，走进洞里。如果我们能跟着他的话，就可以看见他走进一处宽敞的室内，那是海水以前在岩壁上冲刷形成的，然后他又进入一个较小的洞穴，这里坐着他年轻的主人克拉苏（公元前 105 年—公元前 53 年）以及其他十几名罗马人。他们打开篮子，拿出里面的食物，大家尽情地吃着晚饭，最后留了一些食物等到第二天再吃。

八个月来，每天晚上都如此。山洞里的人正在躲避愤怒的辛纳[5]，所有反对辛纳的人都会被处死。克拉苏和他的同伴从罗马来到西班牙，在山洞里避难。他的朋友是洞穴附近那块地的主人，每天都会派管家来送食物。除了我刚才提到的那个洞穴外，洞里还有许多其他的凹穴或内室。

最后，辛纳死了。这些人安然无恙地从藏身之所走了出来。克拉苏来自罗马名门望族，后来成为人民的领袖。当时，罗马有三位著名人物——庞培（公元前 106 年—公元前 48 年），凯撒大帝（公元前 100 年— 公元前 44 年），还有克拉苏。

「5」辛纳，罗马执政官，马略的支持者。

在这个世界上，克拉苏最喜欢的莫过于财富。他拥有大量的奴隶，其中许多都是聪明能干的人，他们能读会写，还会教学。他将这些能教学的奴仆以高出买价多倍的价格卖出，因为这样的教师是要买去给富家子弟上课的。他在罗马狭窄的街道上还有许多房子，房租也是一大笔收入。因此，他的财富在逐年累加。

有一次，克拉苏率领军队去镇压叛乱的奴隶。这些奴隶中有的是角斗士，他们原本是战争中被俘的囚犯，接受训练后被送往角斗场在大群观众面前搏斗，通常最后都会死于角斗赛。除此之外，叛军中还有牧人。他们的首领是斯巴达克斯。奴隶们赢得了不止一次胜利，斯巴达克斯为军队带来了自由的希望。公元前 71 年，在他的最后一场战斗前，他挥剑斩杀了自己的战马，说道：

“如果我在这场战斗中获胜，我将有很多马匹；如果我失败了，留它也无用。”

角斗士们的队长穿过一阵箭雨，冲向罗马将军克拉苏。两名罗马军官试图阻挡他，但都死于他的刀下。后来，队长被敌人包围，最终战死。斯巴达克斯是一位英雄，他为奴隶争取自由而死。所以，我不认为克拉苏的这次胜利有什么荣耀。

而且，他对财富的热爱与日俱增。

有一次，他和庞培都被选为罗马共和国的执政官，克拉苏给城里的人们举行了一次宴会，邀请客人们坐在一万张桌子旁。你也许以为他很慷慨，其实他的内心是想要得到更高的荣誉，而这个荣誉将为他带来更多的财富。此外，他设宴款待人民的另一个目的是想赢得他们的支持。

凯撒做了五年的高卢总督。庞培管辖西班牙山区和肥沃的田地。克拉苏被选为军队的首领，负责与幼发拉底河对岸的帕提亚人作战，那里距离罗马有一千多英里。他心里非常高兴，这是他梦寐以求的荣誉。他觉得自己即将戴上胜利的冠冕，成为东方金银财宝的主人。

“到东方去！到东方去！”他的内心一直在重复这个声音。

克拉苏率领大军穿过小亚细亚。他们在幼发拉底河上建了一座桥，方便队伍通行。他们一路降服了许多城堡和城镇。虽然有一座小城紧闭城门，但很快就被罗马人攻克，克拉苏为此欣喜不已。士兵们向他喊道：

“战神！战神！”

这句口号的意思是“伟大的指挥官”，而这个愚蠢的人已然陶醉在阿谀奉承中。他又打发手下往各城去，将库房里的银子、寺庙里的金子，都登记在册。你瞧，他已经在计算自己的利润了。

接下来，克拉苏继续沿河边的高地前进。河里的船只为随行部队提供食物和其他必需品。

一天，一位阿拉伯酋长到访罗马军营，他的眼睛是黑色的，头发是黑色的，皮肤被太阳晒成古铜色，一件宽松的斗篷遮住他的头、肩膀和后背。

“阁下，”他对克拉苏说，“我从来没有见过哪支军队可以与您的相媲美。您还在等什么呢？我看见对方在那边的平原扎营了，他们已经军心涣散，而您的罗马士兵现在却战斗力十足。我建议您立刻下山，给他们沉重的打击。您一定会大获全胜。”

唉，这个人其实是奸细，是帕提亚人派来的。

这个阿拉伯人还提出，可以给罗马人指一条通往平原的捷径，克拉苏迫不及待地答应了。

起初，这条路对于步兵、骑兵和营地随从来说还算得上平坦。不久，他们就来到一片广阔的沙漠，又累又渴，跋涉在堆堆沙丘间。一路上没有溪水解渴，没有树木提供荫凉。这时，阿拉伯人早已抛下罗马人独自溜走了。

帕提亚人的首领身材高挑，头发卷曲。他沉着自信地指挥着自己的军队，胜券在握。

罗马人排列成巨大的方阵队形，慢慢向前推进。许多人低声说："我们本应该留在山上。"

帕提亚人擂鼓出战。战鼓是用皮革做的，上面挂着小铃铛，因此战鼓敲击时就会发出咚咚的响声，铃铛也叮当作响。突然，帕提亚的战士们脱掉外衣和披风，露出泛着寒光的盔甲。他们向罗马人冲过来，然后又做出害怕逃跑的样子。罗马人紧追不舍，帕提亚人转身，边跑边发射毒箭。这是帕提亚人的习惯——飞奔射箭。他们备有大量箭矢，用骆驼驮着这些武器，这样便能保证快速发射，而且不会间断。

将军的儿子，小克拉苏，正在追赶一群逃窜的敌人。敌人停下来，朝他扬起一团尘土和沙子。小克拉苏看不清对方，于是，年轻的首领被杀了。不久，敌人就将他的头颅高举在老克拉苏眼前。老将军在队伍中来回踱步，祈求罗马人一定要鼓起勇气。一天的战斗，共和国的士兵们的确拼尽了全力，他们有勇气，但对将军失去了信心。

夜幕降临。罗马军营里一片寂静，空气里弥漫着悲伤。克拉苏用斗篷遮着头，一言不发地躺在地上。一些将领秘密召开了一次军事会议，决定解散士兵。于是，罗马人趁天黑偷偷溜走了，这里再没有号角声，只留下许多伤员任其自生自灭。

夜里，城门口的哨兵听到有人用拉丁语唤他们开门，这是第一批撤退的部队。这座城市尚在罗马士兵的守卫中，战败的士兵在这里休息了几天。

然后，他们又往丘陵地带去了。一个向导将他们带进了沼泽地，罗马士兵和他们的战马陷入泥沼中。历经艰辛，他们终于艰难地爬上了高地。很快，帕提亚人来了，将军邀请克拉苏商谈议和的条件，克拉苏不愿意答应。

“你必须去！”士兵们大声喊道，“你派我们去和帕提亚人作战。他们来讲和，你难道没准备好见他们吗？”

克拉苏只好带了几名随从下了山。他们都是步行去的。

“什么?”高大的帕提亚首领喊道,“一位罗马将军步行而来?你一定得有匹马才行。”

于是,克拉苏得到一匹套着金色马具的战马,然后骑着马和帕提亚人行进了一小段路程。罗马军队站在山坡上远眺,看到克拉苏一方和帕提亚人开始打斗,很快演变成一场混战。最后,罗马人倒下了。不久,克拉苏的头颅就落在一个帕提亚人手中。

我不需要把这个悲伤的故事讲完。据说在平原上的战斗和撤退中,有两万罗马人被杀,一万人被俘。

是的,我们应该同情罗马人。但是,罗马人在征服亚洲、非洲和欧洲时,杀害的人数远比这些罗马人要多,我们更应该为这些人感到悲伤。

克拉苏也值得我们同情。他醉心于发财,多么希望在帕提亚称王,将帕提亚的金银财宝收入囊中!

史书中称他为富人克拉苏。

但他真的富有吗?

大家能明白我的意思吗?

塞多留的白鹿

SERTORIUS

“万岁！”西班牙人在城墙上观望，喊道，“我们的勇士回来了！他们正挥舞手中的剑！他们打败了塞多留和他的罗马士兵！”

“开城门！”其他人喊道。

市民们蜂拥而出，欢呼雀跃。然而，这些所谓的朋友却突然举起屠刀，向他们扑来，他们是多么的无助而惊恐啊！

首领塞多留是一个极其狡诈的人。他让士兵伪装成西班牙人，欺骗市民为他打开城门。很快，这座城镇就落入罗马人的手中，许多居民沦为奴隶。

塞多留虽然狡猾，但并不懦弱；面对危险时，他从不退缩。在一次战斗中，塞多留失去了一只眼睛，这也成为他引以为豪的一件事。

“是啊，”他说，“有些战士收到的胜利的嘉奖是锁链和王冠，可他们不能总是戴着锁链和王冠，而我却可以随身携带我的胜战标记！”

塞多留在罗马待过一段时间，希望能得到晋升。他的敌人是红脸将军苏拉，所以他认为退居西班牙是明智之举，可以在那里继续反对苏拉的统治。红脸将军派兵去收服塞多留，却被机智勇敢的塞多留从海上成功逃走了。虽然一场猛烈的暴风雨几乎摧毁了他的舰队，他只好选择从西班牙南部登陆，登陆点靠近现在的直布罗陀海峡。这时，他遇到了一群海员，他们刚从大西洋返航。

“你们从哪里来？”塞多留问这些海员。

“阁下，”他们回答道，“我们一直在大海上航行，最远到达过离这儿一千英里的幸运岛。”

“那是什么岛？”

“那里很少下雨，微风轻拂，空气甜美，土壤肥沃。我们觉得那一定就是诗人荷马所歌颂的乐土。”

“我要亲自去看看这片幸福的土地。”塞多留说。

可惜，他的计划永远也无法实现。他前往摩洛哥时，中途帮助摩尔王子夺回了失去的王位。当他抵达非洲时，西班牙传来一则消息。

“我们期待您，”消息称，“做我们的首领，抵抗罗马人。”

于是，一个罗马人，作为西班牙人的领袖去对抗他自己的共和国。塞多留之所以这么做，并不是因为恨自己的母国，而是因为他觉得罗马的统治者是一个不义之人。

后来，一个西班牙人给塞多留将军带来一只漂亮的小鹿。这个小家伙全身雪白，很快就离不开她的罗马主人了，像小狗一样到处跟着他，即使是在嘈杂的营地中也有他们相随的影子。最后，塞多留发现也许这只白鹿可以帮他大忙。他告诉西班牙人，这个生物是月牙女神，是狩猎女神黛安娜赐给他的。

有一天，他把用鲜花装点的小鹿带到人们面前。

“胜利！胜利！”他向围观的西班牙人喊道，“我的军队打败了苏拉的军队。”

“你怎么知道，将军？”

“我的朋友，小鹿告诉了我。”

“这个东西会说话吗？”

“是的。黛安娜女神赋以它能力，让它告诉我这个秘密。”

单纯的西班牙人相信了这个故事。事实上，战斗的消息是由信使带给他的。他先封锁了消息，然后带着白鹿走出来。接着，信使出现在众人面前，好像刚刚到达一样，宣布了胜利的消息！毫无疑问，塞多留发现这只小鹿可以让他显得非常聪明，其实他是在欺骗可怜的西班牙人。

战场上，和塞多留对阵的四名罗马将军的队伍包括步兵十二万，骑兵六千，两千弓箭手和投石手，但机智敏捷的塞多留还是将对方一一击败。当时，西班牙人被敌人逼得走投无路，他们只好逃到山里，全副武装的罗马人虽然着急但也没办法继续追赶。塞多留和他的西班牙士兵一样吃苦耐劳，席地而睡，必要时甚至可以连续行军，几天几夜不睡觉。他的食物很普通，滴酒不沾；他按照罗马人的方式训练西班牙人，并允许他们在头盔和盾牌上使用金饰；他在城里建起一所高标准的学校，让罗马老师教西班牙将领的子弟们用拉丁语和希腊语听说读写，所有的学生都穿着紫色镶边的外套。

在秩序和纪律方面，一部分西班牙和摩尔军队并不赞同他的观点。他们想以自己野性的、本土的方式在战场上拼杀，每个人都为自己而战，刀剑说了算，何必听将军啰嗦。一天，这些桀骜不驯的战士们遇到了坚毅沉稳的罗马人，双方的交战以他们损失惨重而告终。晚上，这些人围坐在营火旁，沮丧而绝望。几天后，塞多留给他们上了一课。他先让人牵出两匹马，一匹年迈虚弱，另一匹高大健壮，尾巴又粗又长。然后，他号令军队集合，让一名小个子士兵站在那匹壮马旁，一名高大魁梧的男子站在那匹弱马旁。

“你们两个，”塞多留说，“每人把你们身旁那匹马的马尾都拔光。”

大个子用尽全力揪扯老马的尾巴，但是一无所获，引得围观的士兵哄堂大笑。

与此同时，小个子男人默默地抓着壮马的尾巴，一根一根地拔毛，直到马尾一根毛不剩！塞多留说：

“朋友们，你们不顾一切、毫无理智地冲入战场，就像那个不停地拉扯却一无所获的大个子。另一个人不费吹灰之力，不仅足智多谋，而且坚持不懈，最终会取得成功。”

西班牙人幡然醒悟，不再散漫，而是更加听从他的指挥，因为他们看到智慧往往比蛮力更有效。

有一次，他带领军队去攻打那些以抢劫村庄和城镇为生的山地部落。和西班牙人一样，这些强盗也住在洞穴里，就像今天的吉普赛人一样。塞多留的士兵在崎岖陡峭的山路上抓不住这些强盗，因为他们像兔子一样会钻洞，但是塞多留将军发现那里土质松软，尘土飞扬。他还注意到，那里有时会刮北风。于是，他命人堆起土堆，在上面踩踏，然后再借马蹄之力使得尘土弥漫，最后顺着北风吹进强盗的洞穴。洞里的人们几乎喘不过气来，只好投降。

小白鹿渐渐长大，一天却突然不见了，塞多留陷入了困境。幸好，他的士兵发现了母鹿，送到将军面前。他嘱咐这些士兵不要走漏风声，然后他又把母鹿藏了起来。

过了几日，他召集西班牙人就国家事务举行公开会议。塞多留笑容满面，对西班牙的首领们说：

“我敢肯定，今天我一定会有好运。因为我梦到了。”

就在这时，一名仆人放出母鹿。母鹿跑向主人，舔了舔他的右手。西班牙人又惊又喜，高兴得简直喊破了嗓子！

不过，这些招数并不能完全显示塞多留最睿智的一面。因为他像许多聪明人一样，还善于向那些无知愚钝的人借力。

此外，另一个故事则展示了他本性中更高尚的一面。塞多留位高权重，深受当地酋长的尊敬，他们决定选他为西班牙的君主，要在众部落大会中授予他这份荣耀。就在那时，他得到了母亲去世的消息。他的父亲多年前就已去世，母亲含辛茹苦将他抚养长大。塞多留回到营中，七天没有出门。他的军官每天都到门前，恳求他见大家一面。他却躺在地上，以示对母亲的哀悼。直到七日服丧期满，他才出现在集会中。

当时，塞多留有顾问辅助管理政务，他称之为元老院。同时，由于他威名远播，以至于伟大的本都国王米特里达特都派人去向他示好。

只可惜，罗马军官和元老院议员最终还是对他的高位重权产生了嫉妒之心。公元前 72 年的一个晚上，他在晚饭时间被刺客所杀。

至于那头白鹿的结局，我也无从知晓。

征服海盗的庞培

POMPEY

“我是罗马人！”

“罗马吗，阁下？抱歉，阁下。啊，仁慈的罗马人，请饶恕我们把你关了起来！”

海盗们大声跪倒在地，用手掌拍着大腿，不停地叫嚷。有人跑去给罗马人系鞋扣；其他人给他拿来了从肩上垂下来的托加长袍[6]。

「6」托加长袍，简称托加或罗马长袍，是最能体现古罗马男子服饰特点的服装。穿着时一般在内穿一件麻制的丘尼卡，然后将托加搭在左肩并围绕全身。托加也是罗马人的身份象征，只有男子才能穿，没有罗马公民权者更是被禁止穿着托加。

庞培和提迪厄斯·塞克修斯

这只不过是讥讽而已。海盗与罗马甚至全世界为敌，怎么可能害怕罗马人！

然后，他们将罗马人带到帆船边的梯子前。

“安详地走吧。”海盗们嘲笑道。

罗马人畏缩不前，却被海盗一把推了下去，最后淹死在海里。

这些海盗来自小亚细亚的西里西亚，他们不仅拥有整座村庄和城镇，山顶上还有城堡。许多对罗马统治不满的人都加入了这支漂在海上的暴徒队伍，地中海挤满了他们的帆船。海盗对沿海城市突然发起袭击，俘虏了两名官长以及他们的仆从，并且洗劫了阿波罗和其他诸神的神殿。他们的船上有紫色的遮阳篷，船尾镀金，船桨镀银，海盗们在乐师的伴奏下纵情饮酒跳舞。这支海军劫匪由叙利亚出发，驶向赫丘利斯之柱（直布罗陀海峡），一路横扫，大肆劫掠，破坏性极强。于是，罗马元老院商讨该如何消灭海盗势力，最后决定派庞培去完成这项危险的工作。当市民们听说庞培将受命时，非常高兴，他们相信庞培有足够的智慧和勇气胜任这项任务。

三个月后，庞培终于把那些讨厌的恶棍清除出大海。庞培拥有五百艘帆船，把整个地中海分成十三个部分，每部分都派一名中尉带领舰队驻守。然后，庞培从西而来，驾船驱赶前面的海盗，一路向东追击，直到最后一艘强盗船投降。庞培在西里西亚登陆，与最后一个海盗部落作战。获胜后，所有村庄、城镇和堡垒纷纷投降。结果，庞培俘获了 90 艘有黄铜喙的船只，两万人成为他的阶下囚，但他并没有处死这些人，反而表现出一种仁慈的精神，将他们作为殖民者安置在小亚细亚和希腊的各个城市。当时正值公元前 67 年。

在亚洲，庞培的战争规模同样惊人。他和英勇的罗马人扛着共和国的鹰旗跨过岩石山丘，穿过河流、沼泽、沙漠和森林，置身野蛮部落、亚美尼亚人、叙利亚人、犹太人、阿拉伯人间，最后他们攻占了 1000 座城堡和 900 座城市。

也许，他有时会想："总有一天我会成为整个罗马世界的主宰，从西方的西班牙到东方长着棕榈树的阿拉伯，都将属于我的管辖范围。"

富人克拉苏和尤利乌斯·凯撒同样也是位高权重的人物。当时，由贵族组成的元老院仍然坐在罗马广场上议政，但他们无法管理如此广阔的土地和海洋，而且他们中的许多人只想着如何让自己和家人富有。凯撒、克拉苏和庞培三位将军各自分权——凯撒指挥高卢军队，庞培负责西班牙和非洲，克拉苏去了东方，我已经讲过，他就是在那里被杀的。

庞培为罗马人民建造了一座大剧院，供观众欣赏精彩的节目。在市民们震耳欲聋的呐喊声中，五百头狮子被从笼子里放出来，在斗牛场或空地上互相撕咬，另外还有十八头大象与全副武装的角斗士交战。每当庞培从街上走过，人们都会向他欢呼。有一年，他担任执政官。富人，也就是贵族阶级，都站在他这一边。他骄傲地抬起头，梦想着自己会成功地站在罗马的最高点。几个朋友对他说：

“你要提防凯撒。他将从高卢回来，也想执掌罗马。”

庞培笑了。

“如果真是这样，”庞培回答说，“我只需在意大利跺跺脚，立刻就会有一支军队来助我一臂之力。”

凯撒觉得罗马需要一个具有坚强意志的人来维持国家的秩序，并对遥远的省份——西班牙、非洲、亚洲、希腊和其他地方——进行公正的统治，而且他已准备好履行这一职责。于是，他快马加鞭，把军队带到罗马。就这样，成千上万的庞培士兵离他而去，投奔到凯撒麾下。

元老们找到庞培。其中一个叫道："庞培，你这个骗子！"

另一个人揶揄他，干嘛不跺跺脚，像他曾经吹嘘的那样，召唤一支军队出现。

没过多久，庞培从意大利逃走了，带领军队驾着五百艘船横渡大海，来到希腊北部的山区。这时，他仍然拥有七千富贵家庭出身的骑兵，还有大量的步兵。

在加入庞培队伍的人中，有一个跛脚的老人名叫提迪厄斯·塞克修斯。他一瘸一拐地走进营里，许多士兵都嘲笑这名残疾士兵，他们认为他简直就是战争中的废物。

但是庞培却没有这么想，反而表现得非常慷慨。他站起来，跑去迎接塞克修斯，对塞克修斯十分客气。他认为，一个人能为朋友放弃舒适的家庭，投入战争，这样的人应该得到荣誉和尊重。

公元前48年8月的一个清晨，在法萨利亚平原上，凯撒的帐篷上挂起红色的斗篷，那是战斗的信号。庞培的帐篷装饰着桃金娘的叶子，士兵们的床上撒满鲜花，宴会的桌上摆好了酒杯。贵族骑士们相信自己定能战胜凯撒那些平庸的弓箭手和刀剑手。可惜，庞培阵营的傲气很快就会被摧毁。

凯撒对他的步兵说：

“拿好手中的标枪，一等到庞培的骑兵来攻击，就把你们的标枪投向他们的脸庞。这些年轻的绅士们可不愿让枪尖划破自己的脸颊。”

果然不出所料。庞培的骑兵在一阵标枪的攻击中节节败退，惊慌失措地逃走了。天还没黑，凯撒的军队就像汹涌的潮水，冲向人称“庞培大帝”的溃逃军队。

庞培捡回一条命，慌忙从溃败之地逃窜至一个遥远的山谷。在那里，他高兴地跪在小溪边喝水解渴。凯撒和死神依然紧追不舍，他只能继续策马前行。蓝色的大海就在眼前。海岸上有一处贫穷渔人的小屋，战败的将军在那里过了一夜。天光微露，他便乘一条小船沿河出发了，然后遇到了一艘友好的战舰将他带上船。

他的妻子科妮莉亚听闻他战败，在地上躺了很久，一句话也没说。他的船——他仅剩的一条船——停在港口。最后，科妮莉亚起身前往海边。庞培急忙到海滩上迎接她。她搂住丈夫的脖子，惊呼道：

“唉，我亲爱的丈夫，你竟沦落到只剩一艘战舰，曾经的你指挥着五百艘战舰啊。”

“科妮莉亚，”庞培回答说，“虽然我已经从鼎盛时期沦落到现在的境况，但我们还可以东山再起。”

果真，许多船只来帮助他，一些追随者也回到了他身边，他们决定远渡埃及。安全的航行后，庞培的小型舰队在埃及海岸抛锚停泊。他派使者们上岸，请求年轻的埃及国王给予庇护。

国王的一个谋臣说：

“如果你收留庞培，凯撒就会视你为敌。如果你遣他走，总有一天他会复仇。最好的办法是邀请他上岸，然后除掉他，死人是最安全的。”

一艘小渔船载着四五个人，渐渐靠近庞培的舰船，然后邀请将军同行，庞培答应了。

他们一声不吭地划着船。科妮莉亚和她的朋友们站在舰船的甲板上观望。庞培坐在船上阅读自己写的一封信。过了一会儿，他注意到其中一个划手曾在他军中服役。

“我想，你曾经是我的战友吧？”

那人点了点头。

船靠岸了。庞培把手放在奴隶菲利普的肩上，正要走出去。这时，突然有人从背后捅了他一刀，庞培摔倒在地。接着，其他人都来猛击，庞培没有招架之力，只能用披风遮挡头部，最后死在了沙滩上。当时他才 59 岁。

舰船上传来一阵尖叫。科妮莉亚亲眼目睹了这场谋杀。起风了，舰船扬帆起航，只剩几个奴隶守着将军的尸体。

菲利普开始搭起柴堆，准备火葬主人的尸体。一个罗马老兵碰巧路过，多年前他曾在庞培手下作战。

“让我来，”他说，“帮你向罗马最伟大的将军致以最后的敬意。”

第二天，沿着海岸航行的人们看到了柴堆的火焰和浓烟，忠心的仆人菲利普在旁边侍立。

他们并没有焚烧庞培的头颅，而是将其保存起来。等到凯撒一上岸，就有人向他献上这颗头颅，想讨他欢心。

但事实并非如此，凯撒反而惊恐地扭过脸去。

另一个人把庞培的印章献给了凯撒。那位死去的将军生前常在他的信件和文件上用这枚印章盖章。印章上刻着一只狮子，爪子里握着一把剑。

凯撒接过印章时，热泪盈眶。因此，你可以从眼泪中看到一位罗马人的高贵。

凯撒和他的命运

CAESAR

“好了，阁下，逃不掉了！”

“的确如此，”年轻的罗马人说道，他刚被海盗们抓到他们的岛上，“但是，如果我的朋友付赎金，你们会放我走吗？”

“当然。”

“你们要多少？”

“二十塔兰特（20000 美元）。”

“就这么点儿？”尤利乌斯·凯撒笑着说，“我答应给你们五十塔兰特。

于是，他派出各种各样的朋友到最近的

一个城市去筹钱，那里的人们都听闻过他的大名。

与此同时，凯撒在西西里海盗窝里像在自己家一样坦然，我在庞培的生平中已经提到过这些野蛮的海盗。他在岛上住了三十八天，反客为主，全然不像海盗的阶下囚。

“等我自由了，”凯撒对他们说，“我要回来把你们都钉在十字架上。”

海盗们对他这番狂妄的言论付之一笑。

赎金筹备好了。尤利乌斯重获自由，他集结了一支舰队，向着海盗窝卷土重来。凯撒践行了自己曾经的誓言，消灭了这些海盗。他虽然年轻，但你能看出他有钢铁般的坚强意志。如果你认为他对海盗很残忍，你必须明白，在古代，人们认为毫不留情地粉碎敌人是非常正确的做法(现在也常常如此)。

在罗马，年轻的凯撒以能言善辩著称。所以，对于那些受到指控并且需要辩护的人来说，能请凯撒为他们辩护是非常荣幸的事。

凯撒深得民心，靠的是自己独特的方式。人们钦佩庞培，但他们慢慢地更倾向于爱戴凯撒。终究有一天，他将在海上和陆上超越所有人，成为罗马世界的主宰。

你们还记得吃干面包的马略将军吗？他虽然已经死去，但是，作为马略妻子的侄子，凯撒不希望人们忘记马略，因为马略一直站在人民这边，反对骄傲的贵族。凯撒确信，罗马世界广阔无比，这些贵族根本无力统治。他必须赢得广大人民的支持，才能把权力掌握在自己手中，因为他相信自己能够给意大利以及共和国的其他成员带来秩序与和平。

一天早上，一些人进入议会山的寺庙。

“看！”其中一个喊道，“新的雕像！”

“还是镀金的！”

“他们是谁？”

“哦。我认识这张脸！这是勇敢的马略。雕像下面有文字。上面说，这些雕像讲述了马略战胜北方辛布里人的故事。”

大批人涌上山顶去看镀金雕塑。贵族眉头紧锁，平民百姓却皆大欢喜。很快，人们就知道，原来是尤利乌斯·凯撒把马略的雕像放在了议会山的神庙里。

凯撒从普通官员升任地方官，再到大祭司，最后成为身披紫色镶边斗篷的执政官。他曾在西班牙当过一段时间的指挥官。在去西班牙的路上，他翻越了阿尔卑斯山，和他的部队驻扎在一个小镇上。

“我不知道，”一位朋友指着山坡上的房子说，“那里的人们是否像罗马人那样争权夺利？”

“为什么不呢？”凯撒回答说，“如果我住在镇上，我就会这样做。我宁愿做这儿的领导，也不愿做罗马的平民。”

凯撒在西班牙越战越勇，迫使野蛮部落向罗马雄鹰旗屈服。最后，他带领他的军团一直打到大西洋。

凯撒一回到罗马就被选为执政官。随后，他接管了高卢——那里是伟大的法兰西民族的家园，比利时人是他们的邻居；当时，以色列人分作三百个部落。在海的那边，北方常常雾气弥漫，狂风席卷大地——不列颠人的土地。在这片广袤的平原和森林里，罗马人如橡树一样坚定，像国王一样骄傲，像雄狮一样勇猛。凯撒和这些部落狭路相逢，与他们进行了殊死搏斗。据说，凯撒在高卢攻取了八百座城市，与三百万人交战，他的军队杀死了一百万人，俘虏了一百万人。当然，数字不一定确切，但的确是凯撒征服了那里。

将军身材纤瘦，健康状况不佳。有时，他头疼得厉害，发作时疼痛欲裂。然而，没有什么可以阻挡他实现目标。他坚如磐石，部下也崇拜他，就像很久以后的法国人崇拜拿破仑一样。

例如，在大不列颠，罗马人在一片沼泽地遇到了当地人。凯撒的部队发现自己被大不列颠人所围困，一个罗马人率先冲出重围，在岛民中左右出击，击退敌军，拯救了同伴。然后，他跳进小溪，游了过去，穿过泥泞的沼泽，来到了将军身边。结果，他失去了自己的盾牌，深陷自责，他扑倒在凯撒的脚下，说：

“将军，我弄丢了盾牌。请您原谅！”

听起来好像是什么大罪过一样！

还有一次，凯撒的一艘船在非洲海岸被俘，其余的船员都被处死，只有一人例外，得到了宽大处理。但是，这个人生性骄傲，不愿接受敌人施舍的生命。他慨叹道：“凯撒的士兵从不习惯被对手怜悯，他们向来都只有怜悯别人的分儿！”说着，他便把利剑刺进了自己的胸膛。

凯撒不仅是严格的指挥官，他还会尽力为追随者着想。一天，他和几个朋友去旅行。一场暴风雨袭来，众人四处寻找避雨的地方，终于发现了一座穷人的小屋。于是，他们朝那个方向跑去。只有一个房间，只能容纳一个陌生人。我想（虽然故事没有说）小屋的主人当时可能也在场。

凯撒的队伍中有一个叫奥庇乌斯的人生病了。作为最高级别的领导，凯撒无疑最能享受茅屋里的床位；屋外，暴风雨在咆哮，这群旅行者显然无法继续夜行。然而，凯撒把床位让给了病人，自己和同伴们睡在屋外的茅棚里。凯撒用这一举动表明了他的信念：强者有责任帮助弱者。

战斗即将打响时，尤利乌斯·凯撒从不独自安居一隅，而让士兵们去对抗刀光剑影。在高卢战役中，赫尔维西亚人的突然进攻让他措手不及。罗马军队急忙密集布阵，迎战敌人。随从给凯撒牵来马，但被他拒绝了。

“把它牵走，”他对侍从说，“等敌人撤退时，我再骑马去追赶。”

说着，将军向当地人冲去。部下看到将军和他们一起冲锋陷阵，于是更加英勇，在激烈的搏杀中没有丝毫畏惧。

凯撒最艰难的战斗是在比利时茂密的森林里与内尔维人作战。当时，罗马人正在树林里安营扎寨，挖战壕，盖马棚。突然，六万名内维尔人披散着蓬乱的头发，高声大喊着开始进攻。许多罗马将士被杀，凯撒从他的一个士兵手里夺过盾牌，冲上前去鼓励他的部队。有那么一瞬间，整个罗马军队几乎要崩溃了。第十军团驻扎在一座山上，目睹了这一生死攸关的时刻，急忙下山支援扭转了战局。

凯撒不顾湍急的水流，建造起一座横跨宽广的莱茵河的巨大木桥。罗马人跨过这座桥，进入日耳曼人的国土。面对最勇猛的敌人，他们也没有任何退缩。

海的对面是大不列颠岛屿。罗马人经常谈论这个遥远的国家。

“我不相信有这样的地方。”一些人说。

“哦，是的，”其他人回答，“如此广阔的大陆，试图征服它简直痴人说梦。”

尤利乌斯·凯撒可不会空谈，他要用行动来说话。

他率领一支舰队跨过了现在叫做英吉利海峡的水域。很快，人们看到罗马人扛着鹰旗，沿着肯特郡的白垩峭壁，沿着古老的泰晤士河岸，踏入远处的森林。

返回意大利的时刻终于来临。罗马市民处于频繁的骚乱和恐惧之中，庞培无法维持人民的爱戴，罗马贵族的胸怀和思想，不足以伟大到可以统治如此广阔的帝国。

“哦，但愿凯撒会来！”民众窃窃私语道。

凯撒率领他的精锐部队穿过高卢，来到意大利边境，在卢比孔河边停下脚步。他应该进入意大利吗？他应该向娶了自己女儿的老朋友庞培宣战吗？他应该让罗马人流血吗？像掷骰子的赌徒一样掷出骰子，而这个骰子很可能会让他满盘皆输并自掘坟墓，他敢吗？

他望着水流，看了朋友们一眼。最后，他策马跳进河里，大叫道：

“事已至此，不能回头！”

凯撒朝罗马进军——他沉着镇定，精力充沛，好象涨潮一样，无人能阻挡。

人们或步行，或骑马，或乘坐轿舆，从罗马的城门进进出出。

“我们支持凯撒！”一些人大喊。

“我们支持庞培！”另一些人喊道。

“支持贵族！”一些人高呼。

“支持平民！”另一些人大喊。

就这样，城市分裂成两派。

一位罗马贵族找到庞培，讥笑道：

“跺跺脚啊，阁下！你不是说，你一跺脚就能召集一支军队吗！”

庞培没有跺脚，但他来到海边，组建起一支愿意追随他的队伍，准备和凯撒进行最后一搏。

凯撒已然成为意大利的主人，便前往西班牙处决了所有投降庞培的叛徒。

现在，他也同时成了西班牙的主人。接着，他又回到意大利，担任罗马的执政官。然后，凯撒决定迎战庞培。他飞快地向意大利东岸挺进，把主力部队远远甩在后面。士兵们痛苦地嘀咕：

“现在是冬天，”他们说，“风雪冰雹都拦不住这个人。

这种辛苦的日子什么时候能熬到头？他以为我们的身体是铜墙铁壁吗？我们的盾牌和胸甲都在喊着要休息！”

但是，当他们到达海边时，发现他们的将军已经抵达对岸，羞愧难当，只能焦急地等待舰队回来接他们。

对于凯撒而言，他急切地希望全军能尽快集合；因为庞培的军团已经在陆地上集结，船只也已从亚得里亚海出发。一天晚上，凯撒离开营地，登上河边一艘十二桨的舰船，命令桨手赶快将船划入海中。他们用尽全力划船，凯撒则穿一件破旧的斗篷，静静地坐在那里思考。当舰船靠近河口时，河水变得极其汹涌，风起云涌，黑暗袭来，非常恐怖。领航员吓得瑟瑟发抖，他不知道凯撒在船上，因为将军把自己裹在了斗篷里。

“傻子才会往前走！”领航员喊道，“我们必须返航！”

这时，凯撒站起来，掀开他的斗篷，说：“前进吧，我的朋友，不要害怕。凯撒的身家性命就在你手里。”

凯撒的神情和声音似乎给了桨手无穷的力量，他们像巨人一样向着风暴划去。然而，大自然比人类更强大。舰队不得不返回营地。随后，后续部队也从意大利赶过来。

终于，庞培和凯撒到了两军对峙的时刻。凯撒的将士意气奋发，尽管他们缺衣少食，生活艰苦，但依然斗志昂扬。他们挖能吃的树根，浸泡在牛奶里，虽然勉强下咽，但总比挨饿要好。他们中的一些人匍匐爬行至庞培营地附近，把这些硬邦邦的干粮扔进战壕，大喊道：

“只要大地上还有树根，我们就会和庞培抗争到底！”

我已经告诉过你们，公元前48年的法萨利亚战役，庞培战败。

凯撒的船只来到尼罗河和狮身人面像的所在地（埃及），这里是美丽的女王克利奥帕特拉（公元前69年—公元前30年）的管辖地。

接着，叙利亚听到了罗马人的脚步声，约旦河岸出现了凯撒的鹰旗。

有消息传来，罗马在小亚细亚的驻军被亚美尼亚人打败。凯撒立刻向北推进，越过生长雪松的黎巴嫩山脉，翻过托鲁斯山脉，直达本都平原。凯撒的介入终结了这场战争。胜利后，凯撒坐在营帐里，给罗马元老院写了一封信。信中用拉丁文写着三个词：

“经历——见证——征服！”

他来到本都，与敌人交战，并最终征服了他们。凯撒的演讲言简意赅，也就是说，他只用简洁的词来表达他的意思。无论什么时候传递信息，大家都应该向他学习，尽量用最少的词表达清楚。当然，你也不能太粗鲁，否则别人会认为你无礼。

下一幕场景转移到非洲，迦太基城遗址附近。一支庞大的努米底亚军队占据着现在被称为阿尔及利亚那个国家，这群野蛮的骑兵给罗马人造成了巨大的威胁。一段时间里，粮草匮乏，罗马人不得不把海藻和草料混合起来喂马。

一天，凯撒的骑兵正在休息，眼前看不到敌人，却能听到笛声。一个黑皮肤的非洲人随着笛声开始跳舞。士兵们跑出营地，围坐在跳舞的非洲人四周，这个人一边跳一边骨碌碌地转动眼珠子，逗得人们前仰后合。

突然，呐喊声震天，努米底亚人从埋伏处冲了出来。许多罗马骑兵来不及抵抗便死在敌人的刀下。眼看敌人就要攻入营地，幸亏凯撒奋力向前冲杀，非洲人吓得直往后撤。

没过几日，双方再次交锋。一个扛着鹰旗的旗手打算往努米底亚人一边逃窜，不料被凯撒当场抓获。凯撒掐住他的颈项，让他转过身来，静静地说：

“从这边才能看到敌人！”

最终，凯撒出乎意料地取得了胜利。他率领部队穿过岩石通道和黑暗森林，无意中袭击了努米底亚人的营地。朱巴王慌忙逃跑，就这样，凯撒成了北非的君王。

于是，凯撒返回罗马，享受凯旋的荣耀，所有罗马人都向凯旋者高呼“呦！呦！呦！”盛大的游行队伍中，一个年轻的王子走在街上，他是朱巴的儿子。他在罗马住了很长一段时间，后来成为一名历史作家，深受人们的喜爱。

凯撒设宴款待众人，邀请了两万两千名宾客，还让角斗士们在剧场进行搏斗。为了展示舰船之间的竞技场面，他特意将船只安置在巨大的池塘中。众人对这些表演非常满意。

于是，人们都在谈论：“庞培死了，克拉苏也死了。除了凯撒，还有谁能统治这个伟大的共和国？我们要将一切权力交给他。”

凯撒第四次被任命为执政官。然后，他便成了一名独裁者，可以说既是罗马的君主，也是元老院的首领，还是军队的统帅，以及罗马各省的元首。对他来说，现在向敌人报仇简直易如反掌。他们的土地、钱财、房屋，甚至他们的生命——凯撒都可以一一拿走，没人能违抗他的意志。可是，凯撒热爱罗马和共和国，他希望治愈国家的创伤，希望所有的阶级——贵族和平民——都能和睦相处。当罗马元老院看到他对敌人如此慷慨时，便下令建造一座新的神庙，殿内供奉慈悲女神，以此表达他们对凯撒精神的钦佩。

凯撒的另一高尚之举是把倒下的庞培雕像重新竖立起来。这些雕像曾被凯撒的追随者推倒，现在又竖立起来，供路人瞻仰致敬。

著名的演说家西塞罗看到这一幕时，说道：

“凯撒把庞培的雕像高高竖起时，也为自己树立了形象。”

一些贵族痛恨新的独裁者，认为凯撒阻挡了他们获得财富和权力的道路。凯撒的朋友得知后，恳求他永远不要在没有侍卫的情况下外出。

“不，”凯撒回答道，“哪怕现在就死，也不能总是活在死亡的恐惧中。”

凯撒经常独自坐在房间里制定伟大的计划，他梦想着要为罗马和世界做些什么。他自言自语道：

“我要击败东方的帕提亚人，去北方攻击德国人，让他们都归顺于我。”

“我要挖通科林斯的狭窄处，好让船只经过这条水道。”

“我必挖深台伯河，使装满五谷、新酒和粮油的大船进入罗马城。”

“我必排干大沼泽中的水，好让死寂的沼泽变成肥美的田地。”

“我要在意大利西海岸修筑堤坝，建造港口，让成千上百艘战舰在那里停泊。”

如果他还活着，我相信他一定能实现所有心愿。只可惜，他的生命却走到了尽头。

不过，他所做的一件事，是直至今日我们都应当感激的。咱们常说一年有 365 天，确实如此，但我要讲一个完整的故事。过去，计算时间的年月日一团混乱。埃及人很久以前就知道一年有365.25天，罗马人却没有计算这额外的四分之一。到凯撒时期，他将这四分之一的时间补充为完整的一天，所以每四年就会增加一天。于是就有了我们所说的闰年三百六十六天。由于是尤利乌斯·凯撒修正了历法，所以我们就把它叫做儒略历（Julian calendar）[7]。此外，我们还可以留意一个特定的月份——7月（July）——便是特意来铭记他的。

到了牧神节那天，罗马大街上一片欢歌笑语。凯撒来到广场上，坐在金色的椅子里，望着热闹的人群。

不久，他的朋友安东尼走到凯撒面前，当着众人的面给他戴上一顶饰有月桂树叶的王冠。

“噢，国王，戴上这顶王冠吧！”安东尼说。

凯撒摇摇头，罗马人大声欢呼。凯撒的这一行为让罗马人非常满意。

「7」儒略历（Julian calendar）是由罗马共和国独裁官儒略·凯撒（Gaius Julius Caesar）采纳数学家兼天文学家索西琴尼的计算后，于公元前45年1月1日起执行。

安东尼再次提议，凯撒再次拒绝，罗马人也又一次欢呼。凯撒三次拒绝王冠。这件事让我们想到，许多世纪后，高贵的克伦威尔同样也拒绝了英格兰王位。

凯撒的一些蠢朋友把王冠戴在凯撒的雕像上，愤怒的贵族们撕毁了王冠。凯撒的敌人相互耳语，是时候制止暴政了，必须干掉凯撒。

其中两个窃窃私语的是布鲁图斯和卡西乌斯。他们总是想着如何更好地铲除独裁者，这种阴暗的思想使他们看起来苍白而焦虑。凯撒注意到了这一点（正如我们在莎士比亚戏剧中读到的），他对他的朋友安东尼说：

“我希望身边的人都能吃饱喝足，精神抖擞，倒头就睡。

卡西乌斯面黄肌瘦，必定是心思太重，这样的人很危险。”

正如人们所说，凯撒的一些朋友也嗅到了空气中弥漫的危险。事实上，后来听说人们看见火人在空中打斗，夜里有奇怪的光在空中闪烁。你知道，罗马人一直相信这些迹象是某种预兆，暗示即将发生或好或坏的事情。据说有一个人在分析征兆方面很有见地，他决定提醒凯撒。这天，预言家对凯撒说：

“当心三月的爱德日！”

我必须解释一下，一年中每个月都有许多叫做“爱德日[8]”的日子，三月的爱德日是指3月8日到15日之间的一周。

时下，已是公元前44年3月中旬。凯撒和他的朋友们一起吃过晚餐，然后签署秘书拿给他的信件。宾客们在大声讨论着什么。

“你们在谈什么呢？”凯撒问道。

“最好的死法。您认为哪种最好？”

“突然的那种。”

凯撒去世了——很突然——就在第二天。

早晨，凯撒——莎士比亚称之为“世界上最重要的人”——去参加元老院的会议。当时，大街上人来人往。

“凯撒来了！”人们嗡嗡地谈论着。

「8」Ides是古罗马历中3月，5月，7月，10月的第15日，或是其余各月份的第13日。

凯撒看到预言家也在其中，便对他说："三月的爱德日到了！"

"是的，但是还没有过完！"预言家说道。

他把一张折叠起来的羊皮纸塞进凯撒的手里。

"阁下，请一定要看，非常重要。"预言家悄悄对他说。

"万岁，凯撒！"人们喊道。

"给长官让路！"军官们喊道。

周围人声鼎沸，凯撒根本没有机会看手里的纸卷；但信中写着一条友善的留言，警告他某些贵族打算要他的命。

凯撒走进元老院，长老们都起来迎接他。庞培的雕像俯视着接下来的一切。凯撒坐下来，布鲁图斯、卡西乌斯和其他成员聚集在一起。有人向凯撒鞠了一躬，然后说：

"阁下，我恳求您允许我流亡在外的弟弟回到罗马来。"

"不行，他是罗马的敌人。"

"噢，阁下，我求您了！"

"不，绝不——"

于是，一声大喊——一阵打斗——轰然倒地！凯撒的斗篷被对方从肩膀上扯下来，刀剑齐发，卡西乌斯刺中了他，布鲁图斯也袭击了他。

当他的朋友布鲁图斯刺中他时，凯撒呻吟着倒在庞培的雕像下死去了。

布鲁图斯和其他密谋者挥舞刀剑，游行到议会山，高呼：

“自由！为了罗马的自由！”

“自由！”一些过路人也附和道，但也有很多人默默地为凯撒难过。

凯撒曾希望终结一小群人的权力，这些人以自己出身高贵为傲，希望从罗马广阔的帝国中获取私利。凯撒希望罗马成为首都，但是他也想让西班牙、高卢、希腊和其他被征服的土地上的居民共享罗马的荣耀——成为公民而不是战败的敌人。

在凯撒被杀的第二天，他的尸体被抬着走过罗马的街道和广场。

百姓聆听了凯撒的遗嘱。在这份遗嘱中，他把大部分财产留给了公民。由此可见，不管是活着，还是死后，凯撒考虑的永远是民众而不是自己的利益。

在莎士比亚的戏剧中，安东尼向人们宣读了遗嘱，并向他们展示凯撒身上的伤口：

我无才无智也无用，
我不言不语只行动，
用事实激起你们的热血，
我告诉你们的也是你们亲眼所见的；
看看凯撒的伤口，可怜，可怜那沉默不语的口，
让它们替我诉说吧！

于是，愤怒的市民冲进密谋者家中，焚烧他们的房屋，杀死那些残害凯撒的罪人。

谋杀案过后，一颗彗星在空中闪耀了七天。人们望着空中的彗星，说那是众神对布鲁图斯和卡西乌斯的恶行表示愤怒。

大约一两年后，布鲁图斯要与安东尼和奥古斯都进行最后一战。他躺在营帐里，昏暗的灯光给人一种雾蒙蒙的感觉。这时，床边出现了一个高大的身影，怪异而可怕。这个影子说道：

“布鲁图斯，我是邪恶之魂，我将与你在腓立比相会。”

“我在那儿等你。”布鲁图斯毫不畏惧地答道。

然后，鬼魂便消失在黑夜中。

这个故事当然只是传说。但是，我们可以看出，当时的人们认为杀死凯撒是一件邪恶的事情，他们觉得布鲁图斯在腓立比被击败是该有的报应。后来，大势已去，布鲁图斯便自杀了。

严肃的加图

CATO THE YOUNGER

一名罗马军人把一个男孩拉到窗前，以把他扔到下面的路上为要挟。

“你能帮我跟你叔叔说句话吗?”

“不,”男孩回答说,“不能。”

“如果你不答应，我就松手了。”

“不。”

军人把男孩安全地放回室内，说：

“这个孩子是意大利的荣耀。”

这名军官曾经拜访过男孩加图的叔叔，想得到他的帮助。因为许多住在罗马以外的帝国流亡者希望成为公民，在选举中有投票权，可以推选某位官员做他们的代言人。军官半开玩笑半认真地请求加图，能否代表那些想成为公民的人向他的叔叔求情。

看得出，加图是一个英勇无畏的孩子。

14 岁时，加图碰巧拜访红脸将军苏拉，看见一些尸体被抬出去了。这些人都是将军下令杀死的，因为他们属于另一个派系。小加图怒不可遏，转向老师喊道：

“您为什么不给我一把剑，让我杀了他，把国家从暴君的统治下解放出来？”

加图的声音如此洪亮，苏拉的一个朋友听到后惊慌失措，严密地监视着孩子，唯恐他攻击红脸将军。

加图（公元前 95 年—公元前 46 年）来自贵族家庭，也就是说，他出身高贵，家产丰厚，但他从不浪费钱财。他是斯多葛学派「9」的成员，生性严肃而坚定，很少大笑，连微笑都罕见。富人都穿紫色衣服，但加图却穿着黑衣服，

「9」斯多葛学派，塞浦路斯岛人芝诺于公元前 300 年前后在雅典创立的学派；因在雅典集会广场的廊苑（英文 stoic，门廊）聚众讲学而得名，是希腊一个影响极大的思想派别。

似乎是在以此嘲笑他们的虚荣心。无论严寒酷暑，他的头上不戴任何东西，而且总是光脚走路。他的仆人骑马，加图却像穷人一样徒步跋涉。他向来急朋友所急，因为他一点都不吝啬，借钱给朋友时也不要任何利息，而且他还把麾下作战的士兵当朋友来对待。有一次，战争结束后，加图即将回家，士兵们把衣服铺在路上，让加图走在上面，而且当他经过时便亲吻他的手，这是因为他素日公正，赢得了大家的爱戴。每当他给将士们布置艰巨任务时，加图必定身体力行，亲身参与其中。

加图被选为财政官员，即掌管财务的人，也就是公共资金的管理者之一；他对这座城市的财务就像对待自己的钱一样谨慎。一旦发现有人欠这座城市的钱，他便会要求这个人还钱。

“但是，阁下，”这些人说，“这笔钱是二三十年前的。你现在当然可以把它忽略掉。”

“不，”加图回答说，“这是罗马国库的钱，必须偿还。”

另一方面，他如果发现这座城市欠了某个人的钱，也会保障债权人最终能拿到这笔钱，即使这笔钱已经被遗忘了很多年。他对工作尽职尽责，早上第一个到财政部，晚上最后一个离开，全心全意地投入到工作中。

加图言出必行，所以罗马人可以完全相信他说的话。后来，坊间流传一种说法，比如有人讲了非常荒诞的故事，听者会摇着头说：

“哎，瞎说。我才不会相信这种事，即使加图告诉我，我也不信。”

加图不赞同花钱太随意，即便是花钱听音乐或看表演也不可以。有些富人会送给优秀的音乐家一顶金冠，但如果加图听到一段美妙的音乐，他就会把表演者叫到身边，送给他一顶由野橄榄枝做成的花冠。如果一个人在舞台上演技出色，加图不给他珠宝或金银器皿，而是送一包甜菜根、莴苣、小萝卜、欧芹或黄瓜！我想，他认为用礼物来表达快乐是件好事，但不能送一些使音乐家和演员变得贪婪或虚荣的礼物。也许他是想暗示他们，即便一个人在艺术方面取得了很好的成就，比如唱歌或朗诵，那也应该满足于人民对他的尊敬，而不能收金钱作礼物。否则，人们就会认为他的艺术造诣不是源于对工作的热爱，而是为了金钱报酬。当然，任何人都能从路边的树上摘下叶子，编上一顶野橄榄的花冠；但是，在公众表演中获得花冠，这位艺术家会非常自豪，因为相比奖赏而言，他会更加在意这份荣誉。

对于加图而言，荣誉也无足轻重。他曾向罗马人自荐做执政官，最后在选举中失败了。其他没有得到公民选票的人，回到家特别沮丧。可加图却是先去洗了个澡，然后按照罗马人的方式擦了油，最后又痛痛快快打了一场球！

我已经讲过凯撒大帝和庞培之间的那场大战。在这场斗争中，加图本来支持的是庞培和贵族一边。眼见着凯撒即将成为意大利的主人，加图非常难过，他觉得这片土地要遭殃了。事实上，他的判断是错的，可他依然认为凯撒对罗马和罗马人民无益。而且，为了在众人面前表达他的忧愁，他不理发，不剃胡须，也不在宴会或节日里戴花环。他一生中很少笑过，现在他比以前更加忧郁。也许你认为他愚蠢，但是你必须记住，他不是为了自己而忧愁，他是从心底为国家担忧。

庞培死在非洲海岸，头颅被献给了凯撒。作为庞培的朋友，加图也死于非洲。他集结了罗马士兵和非洲盟友，决心要与凯撒作战，而且决不放弃。他所驻守的最后一站是迦太基附近的尤蒂卡。他为这个城市储备了大量谷物，修补了残垣断壁，建起用于监视和防御的堡垒，在城周围挖了护城河，还训练年轻人使用武器，进行演习。

与此同时，凯撒也逼近了这座城市。一天半夜，一个骑兵冲进尤蒂卡，他的马浑身冒着热气。骑兵带来一个消息，说非洲的朱巴国王被打败了，用不了多久，凯撒就会打进尤蒂卡。

加图不愿逃走。他命令船只在港口集合，将粮食装到甲板上，一旦决定离开便可以随时出发。加图站在岸上望着船只驶向大海，消失在远方，他自己却留在了尤蒂卡。

晚上，加图聚精会神地读书，书的作者是希腊智者柏拉图。加图的剑平时都悬挂于卧榻上方。他的儿子担心加图自杀，便拿走了剑。加图发现剑不见了的时候，向一个奴隶询问，由于不满意奴隶的回答，便朝奴隶的嘴给了一掌，自己的手也受了伤。我很抱歉讲这个故事，大家从中可以看出，加图虽然忠勇可嘉，但他对仆人却是冷酷无情的。

最后，他找到了自己的剑。

整个晚上，他一会儿看书，一会儿又躺下。黎明时，鸟儿开始歌唱，加图从剑鞘中拔出剑，刺入自己的胸膛，很快就死了。

我在前面讲过另一个加图的故事，死在尤蒂卡的这位叫小加图。

品行高尚的两兄弟

THE GRACCHI

“天哪！床上有两条蛇！”一位罗马绅士边喊，边打算杀死这些爬虫。

“等一下，主人！”一个奴隶喊道，“还是请占卜师来给您解释一下这个奇怪的征兆吧？”

于是，他们请来一位预言家。预言家望着这些蠕动着的动物，先指了其中一条，然后又指着另一条说：

“如果你杀了这条，你便命不久矣；如果你杀了那条，你妻子必死无疑。”

罗马人想了一会儿，杀死第一条蛇，第

二条蛇逃跑了。他爱妻子科迪莉亚胜过爱自己的生命。不久,（古老的传说是这样讲的）他去世了。

这位忠贞的罗马人名叫格拉古，他的两个儿子人称格拉古兄弟。一个是提比略，生于公元前168年或163年，于公元前133年被杀。另一个叫盖乌斯，大约出生于公元前154年，公元前121年被杀。他们死后二三十年，凯撒大帝出生了。接下来，我将为你们讲述他俩的一些故事。

提比略

提比略当选为护民官，也就是保民官。元老院在投票表决一项法律时，护民官就可以站起来，大声喊“我反对!”那么，这项法律就必须废止。提比略是罗马的穷人，是平民和普通人的朋友。共和国早期，执政者从敌人手中夺取土地后，会将其中大部分分给人民，而且没有谁可以拥有超过二百六十英亩的土地，罗马人在这片土地上过着平和的田园生活。耕种这些土地的自耕农或小土地所有者都是勇敢诚实的公民，他们热爱这片土地，并且收成丰厚。然而，富有阶层（贵族）渐渐地掌握了土地所有权，让奴隶去耕种。于是，勤劳的自由人开始变得贫穷和不幸。

在罗马广场上，或者叫会场，有一个石砌的平台高出广场的台基十一英尺。平台（讲坛）的前面，放置着两排青铜船头，来自海战中俘获的敌船。提比略爬上船头俯视民众，说道：

“意大利的野兽有洞穴可居，但那些为祖国流过血的勇士只有呼吸的空气和天空的阳光，此外别无他物。他们没有房子，没有固定的家，只能带着妻儿到处流浪。战争一旦打响，将军们就会命令他们为众神守护的家园而战。然而，可怜啊！这些人却没有自己的家园。罗马人为财富而打仗，但财富却归了富人，穷人连一块土地都没有。”

广场上和穷街陋巷的人们听了这些话，都兴奋不已。

富人们却皱起眉头，彼此嘀咕必须阻止提比略挑起民愤。他们和一个叫屋大维乌斯的护民官进行了秘密会谈。这个护民官承诺将对所有关于分给平民土地的法律都说“反对”。这样的话，提比略就什么都做不成了。虽然提比略多次走到船喙后面的平台上，描绘平民成为土地所有者后会有的幸福生活。但屋大维乌斯一直在那里，随时准备说出“反对”二字。

人们忍无可忍。

“你不配做人民的护民官！”他们喊道。

最后，屋大维乌斯被赶出了护民官的办公场所，分配土地给普通民众的法律也得以通过。

提比略·格拉古担任护民官一年之后，尽管有违罗马的法律规定，但他仍然希望可以连任。富裕的贵族们认为不能再让他担任公职，他的生命也陷入了危险。在选举日的前一天晚上，他的一群朋友在他的房子前面搭起了帐篷，以防有人谋害他。

早晨，大批选民挤满议会山的斜坡。当提比略出现时，他们疯狂地欢呼起来。这时，他的反对者也向他冲过来。致命的搏杀中，到处可见挥舞的棍棒。人们你推我挤，成千上百的罗马人丧命。提比略被凳子砸倒在地，然后又遭到了致命的击打。最后，他的尸体被扔进河里，挨打的人们惊恐万分，只能默默地为死去的领袖哀悼。

盖乌斯

这位勇敢的罗马人走到了生命的尽头，现在轮到他的弟弟出场了，盖乌斯比提比略更加热血沸腾。事实上，他也知道自己脾气暴躁，言辞往往过于激烈。于是，他吩咐一个奴隶拿一个小象牙管，吹奏出悦耳而低沉的声音。也许盖乌斯嗓门太大，所以才想出这么一招。

“我告诉你们，各位，就像我站在这里一样真切——”

这时，象牙管发出轻轻的“呼——呼”声，盖乌斯便降低了声调！

如果你们年轻人也能不时地听到象牙管的声音，那也许你们的声音也会变得更加悦耳！

兄长死后，盖乌斯平静地生活了一段时间，希望远离争吵和骚乱。但是（古老的故事里讲）提比略的鬼魂出现了，进入盖乌斯梦中，说道：

“你怎么能如此虚度呢，盖乌斯？世间只有一条路，你我注定都要走那条路，我们必须以同样的方式赴死，必须为了人民而受苦。”

之后，盖乌斯便站在了平民一边，在平民的投票支持下做了护民官，一度大权在握。

平民们非常爱戴他。一次，罗马的一个公共场所要举行角斗表演，市政官允许某些人在周围摆摊，以便收取摊位租金。这样，那些付不起入场费的普通人就会被挡在角斗场外，无缘激动人心的场面。也许你会说，观看角斗士搏斗本来就是不公平的。是的，的确如此。但是罗马人不这么想。他们觉得大家都想去看这个节目，只有富人才能看，那才是真的不公平。

晚上，护民官盖乌斯·格拉古率领一队工人去了角斗场，下令拆毁看台。第二天，平民便拥有了一片专门清理出来的空地，得以享受角斗士的精彩表演。当然，这件事更让人们对护民官赞不绝口。

你知道，罗马当地人只是意大利人的一部分。罗马人是自由人和公民，而其余的意大利人对共和国的统治没有投票权。就像我们今天说的，他们没有公民权。盖乌斯希望意大利人也能有这项权利，但贵族成员不希望将投票权下放给成千上万的平民。于是，他们对盖乌斯充满了恨意。

在非洲海岸的迦太基，执政者们挑选了一块土地，专供贫穷的罗马人移民，盖乌斯受命前往新殖民地处理相关事宜。

他的政敌以他工作不力为由，召他回议会山做解释。人们预感这是一个阴谋。审讯的前一天晚上，盖乌斯的朋友们在他门口守了一夜。次日早晨，他的妻子一手抱着儿子，一手挽着丈夫，跪下恳求盖乌斯不要赴死。可是，盖乌斯还是像勇士一样走了。

当时，双方情绪火爆，话不投机便开始大打出手，最后演变为一场可怕的屠杀。盖乌斯一方只剩下三个人——一个是他的奴仆，另外两个是他忠实的朋友。他们三人退到一座狭窄的木桥上，两个在后面掩护的朋友被砍倒了。最后，盖乌斯和忠诚的奴隶一起死在了复仇女神的神殿里，就在桥那边的树林里。

后来，这两位品行高尚的兄弟的母亲住在一座乡间别墅里，平静地生活了好多年，凡是认识她的人都非常尊敬她。人们为她立了一座雕像，雕像的底座上刻着拉丁文：“Cornelia Mater Grace -chor-um”——意为“蒂莉娅，格拉古兄弟的母亲。”

西塞罗

CICERO

“你得改名字。”

“我的名字没问题啊！”

“没问题，但很奇怪。谁愿意被称为‘野豌豆’呢？那是牲畜吃的。”

“好吧。”名叫野豌豆的人回答说，“尽管它听起来很普通，但我要让这个名字在罗马历史上大放光彩。”

在拉丁语中，“野豌豆”是西塞罗的意思。这个人正是罗马的西塞罗（公元前 106—公元前 43 年），他决心要赋予那奇怪的名字以荣耀。

年轻时，西塞罗曾在红脸将军苏拉的军队中服役过一段时间，但他不适合打仗，身材瘦弱，肠胃敏感。他上过教语法的学校，也学过如何清晰表达以吸引听众注意的演讲艺术。这种美妙的艺术就是朗诵，也是演员和演说家的艺术。

西塞罗的口才令罗马人着迷。他一次次被选为行政官员，直到最后成为执政官。当时，有个名叫喀提林的贵族，脾气暴躁，行事鲁莽，他召集了两万人，打算摧毁元老院，在罗马建立一个新政府。

罗马人的十二月有一个盛大的节日，就像我们庆祝圣诞节一样。喀提林的一些朋友密谋要在节日期间放火烧毁罗马。一百个人商量好各自在城市的某个地方蹲守，用火把点燃木头建筑，这样就可以同时点燃一百场大火。当大街上到处是跳动的红色火苗时，惊恐的人们乱作一团，喀提林的朋友们火速拿起武器，大声喊道："罗马的新政权诞生了，从西班牙到亚洲的广大帝国都将归新的统治者。"

然而，执政官西塞罗的密探早已掌握了秘密的策划方案，于是西塞罗采取行动制止了这个可怕的阴谋，逮捕了五名主犯，在一座房子里发现了一堆标枪、刀剑，并以元老院的名义将这些全部扣押。

那么该如何处置这五个密谋者呢？对此，元老们开会进行商议，几乎所有人都认为密谋者应该被处死。年轻的凯撒站起来说：

“不要，让我们宽容些吧。把这些人赶出罗马，囚禁起来，但饶他们一命。”

在凯撒的内心深处，尽管他不认为喀提林是合适的人选，但他觉得罗马确实需要新的统治者，富有的贵族阶级已经无力再控制罗马世界。

但是西塞罗和凯撒的想法不一样。他命人把五名叛乱分子押解出来，穿过圣路和广场上的人群，关进阴暗的监狱，最后所有的人都死在了刽子手的刀下。当时已是傍晚时分，西塞罗带着他的随从往家走的时候，市民们跑到他身边，喊道：

“西塞罗！西塞罗！罗马的救星！再创罗马的人！”

你一定要知道，他的全名是马库斯·西塞罗乌斯·西塞罗，人称“西塞罗”。

夜色渐浓，街道上所有的门口都点燃了灯笼和火把。许多妇女站在房顶，也挥动着手中的灯笼或火把。于是，罗马犹如白昼，那是人民的灯光，而不是喀提林的大火。

罗马市民和意大利人民的感情就像大海一样起伏，跌宕翻滚——先是支持西塞罗，然后又反对他，后来支持庞培，最后又拥护凯撒。这是一个变幻莫测的时代，也是一个饱受战争和战争谣言之苦的时代。西塞罗被驱逐出罗马一年多，他的家园被夷为平地。他虽然人在希腊，但总是抑制不住思念意大利，内心充满了忧伤和依恋。当他回到故土时，人们热情地欢迎他，并且选举他为小亚细亚山区西里西亚的总督，这对他来说也是一份荣誉。他有很强的工作能力，和罗马敌人不仅能做精明的交易，而且还能和平相处，没有发生一次流血冲突。除此之外，他对西里西亚人民也秉持公平正义的原则。与其他总督不同，他不希望为了自己的利益向民众征税，连举办筵席都是自己掏钱。他不慕虚荣，不需要浮夸的仆人站在门口，驱赶那些想求见他的市民。他清早准时起床，乐意和所有来客交谈。他从不羞辱西里西亚人，更不会用束棍抽打他们，或者撕裂他们的衣服以泄私愤。因此，当他要返回意大利时，那里的人们都舍不得让他走。

你知道，凯撒和庞培之间有一场战争，那是狮子间的斗争。但西塞罗不是狮子，他几乎不知道该站在哪一边。

“我可以加入庞培一方吗？”他问自己，“他人很好，但凯撒是一个更睿智的政治家，也许他会赢。”

最后，西塞罗选择了庞培阵营，可惜庞培惨败，不久便在埃及海岸被杀。西塞罗随后回到意大利，凯撒骑马去迎接他。凯撒一看到西塞罗，便立刻下马跑过去拥抱他，像朋友一样交谈。

然而，凯撒最终死在了庞培雕像的脚下，那么，西塞罗后来的结果如何呢？

罗马有三个统治者——奥古斯都、安东尼和勒庇都斯。他们三人分别都有强大的敌人，都认为只有除掉敌人，才能保证和平。他们每人都列了一张名单，上面有要处死的两百人的名字，西塞罗的名字也在其中。

西塞罗也得知了这一恐怖的消息，说他必死无疑，或者将被囚禁。于是，他立刻命令奴隶们用旅行椅（轿子）把他抬到海边。正当他急匆匆上船时，正好刮起一阵风。很快，他改变主意，命令舰船向岸边驶去。然后，他带着随从向罗马走了十二三英里，他似乎原打算是要去见到奥古斯都，打动他并获得他的同情。可是，西塞罗再次改变主意，又回到船上，命令水手们全速前行，驶向他那幢漂亮别墅所在的海岸。这时，一群乌鸦在头顶打转，发出凄厉的叫声。当西塞罗走进别墅，躺在卧榻上休息时，屋外的乌鸦还在盘旋。

“这是不吉利的，”奴隶们低声说，“是我们主人的恶兆。”

然后，奴隶们走近西塞罗睡觉的卧榻旁，说道：

“我们担心这群鸟是可怕的征兆，求您离开这个不祥之地吧。”

奴隶们把西塞罗抬上轿子，向大海走去。一群士兵早已守候在那里，时刻准备结果他的性命。他们来到房子前，听说西塞罗穿过茂密树林的林间空地逃走了。然后，士兵们便绕另一条路去追赶，在森林小路的尽头埋伏等待。

过了一会儿，他们看见轿子从高大的树荫下穿过。西塞罗看见了埋伏的人，知道自己逃不掉了，便默默地把头伸出轿子。一名百夫长（队长）挥剑砍下了他的头颅。

西塞罗写过许多著名的作品，其中包括《论友谊》《论老年》以及《论职责》。他虽然是罗马人，但是他的思想却传遍了世界。他曾告诉自己：世界上所有的人都是同一个地球的公民。因此，在著作中，他把人称为“世界公民”。

大力神般的安东尼

ANTONY

安东尼（公元前 83 年—公元前 30 年）身材高大，强壮魁梧，额头宽阔，络腮青须，神情愉悦。当士兵站在营帐里的餐桌前吃饭时，他会与他们一起用餐，谈笑风生，和普通人没什么两样。他的部下喜欢他随和的生活方式和开朗的性格，而且非常羡慕他的英俊相貌，说他就像英雄大力神。

安东尼对敌人也很宽容。有一次，他的好朋友在埃及的一场战斗中被敌方所杀。安东尼一听到老朋友的死讯，便立刻派罗马士兵去寻找老朋友的尸体。找到尸体后，安东尼为其举行了隆重的葬礼。

安东尼讨厌被人说吝啬，所以他对朋友有时候显得太过慷慨。有一次，他命令管家留出一笔钱给一个好朋友。管家把银子堆成一堆，希望安东尼能改变主意，少给些钱。安东尼看出了管家的想法，他义正辞严地说："太少了，翻倍，那是我的朋友。"

战争中，他从来不惧饥饿和干渴，随时准备攀越城墙，披荆斩棘，策马冲向敌人。和平时期，他过着纵情狂欢的生活。仆人抬着他的金银器皿等列队前进，然后把帐篷搭在小河边阴凉宜人的小树林里，支起一张桌子，俨然宫殿一样。他还将驯服的狮子套在战车前，引得人们来围观。安东尼喜欢看演员的滑稽表演。晚上，他会喝得酩酊大醉，第二天的大部分时间里都睡得不省人事。安东尼看上去和大力神一样强壮，他的体格确实很有男子气概，但他的思想却并非如此，因为他无法抗拒挥霍，更抵挡不了享乐的欲望。

前文已经讲过凯撒之死的故事。凯撒死后，他的侄子屋大维（即后来的奥古斯都皇帝）为夺取王位而战，安东尼战败。在逃往高卢的路上，安东尼一行要经过阿尔卑斯山。士兵们饥饿难忍，能吃到树皮都会令他们高兴不已。将军和他们一起吃糠咽菜，啃树皮、树根或生肉，喝脏水，也从不抱怨。人们纷纷涌向高卢去投奔安东尼。于是，他觉得自己现在已经变得和屋大维、勒庇都斯一样强大，而勒庇都斯曾经是凯撒最勇猛的将领之一。

最后，这三个对手在美丽的莱茵河上相遇了。他们在一个小岛上交谈、争论，计划着如何瓜分罗马帝国。古老的罗马共和国即将灭亡。未来的几百年，皇帝将代替执政官掌权。

可惜安东尼不够认真，没能守住他那份领地。他追逐快乐，就像小孩追蝴蝶一样。他的领地是小亚细亚。他好像带着马戏团一样进入以弗所城，女人们装扮成酒神巴克斯的祭司，男人们打扮成狂野的森林之神，一路载歌载舞，城里的街道上挤满了喧闹的狂欢者，他们头戴象牙王冠，挥舞着爬满常春藤的长矛，用竖琴、长笛和口琴演奏着古典音乐。安东尼在人群中趾高气扬地骑行，众人向他欢呼：

“酒神巴克斯！酒神巴克斯！永远善良而自由！哟！哟！酒神巴克斯！”

然而，勤劳的小亚细亚人民不得不为安东尼所有的愚蠢行为付出代价，许多贫穷的农民和工匠被迫向安东尼的军官交纳重税。

他往东边行进时，在西里西亚的山地停留了一会儿，希望在这里能遇到一位慕名已久但从未见过面的女士——埃及女王克利奥帕特拉。为展示她的辉煌，女王安排舰船顺流而下去往他的营地。她的舰船非常华丽，船身镀金，紫色的船帆，银色的船桨。划手划桨时，乐师在一旁伴奏，所有声音交织在一起。埃及女王坐在金帐幔下，美丽得像希腊神话中的女神，四周的侍女们宛若海中可爱的仙女，英俊的小伙子们用长柄扇替她扇风。舰船上烟气缭绕，香味扑鼻。许多人沿着河岸奔跑，争相目睹这壮观的景象。

安东尼一看到克利奥帕特拉，立刻坠入爱河，将自己的妻子抛在了脑后，全然忘记自己是一名军人，也忘记了自己是罗马人。他在尼罗河入海口的亚历山大城停留时，不仅行为狂野，而且举止怪异。晚上，他和克利奥帕特拉有时会在街上散步，他们打扮成奴隶模样，像酒馆里的醉鬼一样跌跌撞撞。

一天，安东尼坐在水潭边钓鱼，身边的侍臣和侍女们懒洋洋地斜靠在树荫下，所有的人都很惬意。安东尼的鱼钩却不见动静，女王对他的失败微微一笑。于是，他命令一个奴隶偷偷潜入水中，把一条死鱼挂在鱼钩上，这样别人就会以为安东尼好像抓住了什么东西。在朝臣们的喝彩声中，他将这个把戏重复了好几次。但是克利奥帕特拉看出了其中的诡计，让她的仆人潜入水中，悄悄地把一条干咸鱼绑在这位高贵的罗马人的鱼钩上。当安东尼钓起一条愚蠢的咸鱼时，众人哄堂大笑，连安东尼自己也忍不住笑了起来。

然而，下一幕场景却风格大变。

当我们再次看到安东尼将军时，他正带领罗马军队进入遥远的帕提亚人的土地。罗马人以前常常和这些东方人进行殊死搏斗，深知帕提亚人标枪的威力。安东尼不止一次濒临险境，他的部下也都非常英勇。他们行军一千英里进入蛮荒之地。由于缺乏水源，他们不得不从多石的隘口撤退。经过十八场战役，他们终于击退了敌军。安东尼损失了二万步兵和四千骑兵，这些忠诚的士兵中有许多人是因干渴和疾病而死的。帕提亚地区和亚美尼亚之间有一条河流，当他们跨过这条河流时，以为终于摆脱了凶猛敌人的攻击，高兴地亲吻土地。然而，其他的麻烦接踵而至。因为，在越过山丘到地中海的途中，安东尼的几千士兵死在了严寒和深深的积雪中。事实上，安东尼作战时，考虑并不周全。他心急如焚地带领士兵到处转移，时刻不停，因为他急切地想回到埃及女王那里，根本没有考虑到自己肩负的职责。

他把妻子放在一边，如同弃物一般。这位女士正是屋大维的姐妹，于是屋大维以此为由向他宣战。在以弗所港，安东尼把军队部署在八百九十艘船上，其中包括女王的两百艘舰船。这支庞大的舰队在萨摩斯岛停留了一会儿。当时，在安东尼的领地里，所有的王子和政府官员都在征收重税，从城镇和村庄的人们那里掠夺钱财。许多人极其悲愤，因为这场战争夺去了他们的积蓄。然而，在萨摩斯，安东尼和克利奥帕特拉依然过着声色犬马的生活，演员和乐师在宫廷里表演，宴会上欢笑声不断。

屋大维带领军队远渡重洋，到达意大利西海岸对面的伊庇鲁斯海岸，他的海军准备在这里迎战安东尼。战斗的地点叫阿克兴。屋大维从他的舰船里走出来时，遇到一个赶驴人。

“你叫什么名字？”

“好运。”

“你的驴子叫什么名字？”

“胜利。”

听到这些回答，屋大维十分高兴，认为这是个好兆头。最后，他确实赢得了胜利，而且后来还在那个地方立了一尊铜制的车夫和驴子的雕像。安东尼的舰船体形庞大，上面有巨大的木塔，士兵们可以在木塔上射击。安东尼舰船都被屋大维的大船所包围，短兵相接，一场混战不可避免地爆发了。

战斗中，六十艘船突然脱离安东尼的舰队，这些正是女王克利奥帕特拉的舰船，她临阵脱逃了。安东尼又一次将自己的职责忘得一干二净，他登上一艘五层帆船，命令船员沿女王的航线紧随其后。于是，安东尼将他的朋友们扔下，任其挣扎搏斗，置他们的生死于不顾。女王一发出信号，安东尼就径直奔过去，登上女王的舰船，然后继续向南航行，将战场的厮杀统统抛在脑后。安东尼双手抱头，静静地坐在那里，无地自容的他内心羞愧万分，许久没有和女王说话。

接着，他们来到埃及的亚历山大，但胜利者仍旧穷追不舍。士兵和水手投奔了屋大维，安东尼看到自己败局已定，便挥剑自刎，躺在那里奄奄一息。

女王逃进一座高塔，把她的金银、宝石、珍珠、乌木、象牙和香料等财宝都藏在里面。高塔里只有女王和她的两个侍女，当奄奄一息的安东尼被抬到塔楼门口时，女王却不肯开门，而是命人用绳子将躺在睡榻上的安东尼吊起来，然后和侍女们用力拉绳子，终于把安东尼拉了上来。

安东尼：我要死了，埃及，我要死了。给我点酒，让我说句话。

女王俯下身，安东尼低声说，如果他注定失败，他愿意让罗马人来征服他。

我活着，是世界上最伟大的君王，

高贵非我莫属，现在也不会卑贱地死去。

我没有懦弱地丢盔弃甲，只是作为罗马人被罗马人英勇征服。

现在，我的灵魂要走了，我也将离去。

——莎士比亚

就这样，安东尼死了。他看似那么强壮，他也的确身材高大，可惜他没有坚强的意志走一条最适合他自己和罗马的道路。

凯撒的朋友和敌人

BRUTUS

你还记得布鲁图斯、卡西乌斯以及其他身居要职的罗马人是如何刺杀凯撒的吗？有些人认为布鲁图斯参与残杀凯撒极为正确，但也有人认为他是在作恶。

他是庞培大帝的朋友。当庞培召集军队，准备与凯撒进行最后的决斗时，布鲁图斯作为庞培的朋友走进营帐，庞培非常高兴。没等布鲁图斯向他鞠躬，庞培便从卫兵中站起来，友好地拥抱了布鲁图斯。布鲁图斯没有参与战争，只是平静地等待双方一较高下。在法沙利亚战役的前一天，当营帐里的所有人都在谈论即将到来的战斗时，他依旧静静地坐在那里读书写字。

庞培战败了。凯撒的罗马士兵正向庞培阵营的城墙发起猛攻，布鲁图斯从他们对面的一个出口逃了出去。突出重围后，布鲁图斯来到附近的一片沼泽地，他拨开芦苇丛，在泥潭中艰难跋涉，最后终于逃离了险境。不久之后，他给凯撒写了一封信，并一度成为他的亲密朋友。

但这一切都是暂时的。布鲁图斯不希望有谁成为独裁统治罗马世界，即使这个人足智多谋。尽管我认为布鲁图斯自己也不知道如何才能统治如此庞大的帝国，但是很多罗马贵族都抱有类似的想法，试图挑唆他反抗凯撒。布鲁图斯在元老院的椅子上发现了几张纸，上面写着：

“布鲁图斯，你就知道睡觉！你算什么布鲁图斯！”

正如你所知，刺向伟大将军的匕首，其中一把来自布鲁图斯。

布鲁图斯也不愿意屈服于年轻的屋大维——凯撒的侄子。因此，他在希腊北部的丘陵地带召集了一队人马，准备与屋大维较量一番。在攻打某个城镇时，他在途中急于求成，将主力部队远远甩在了后面，而那些士兵却依然在隘口的深雪中缓慢地跋涉。山上寒气刺骨，布鲁图斯一行饥饿难忍，身边没有食物，行李远在后面，他的侍从急忙往城门跑去，向布鲁图斯的仇敌讨饭。民众都是慷慨善良的人，给了侍从一些食物。后来，布鲁图斯夺取了这座城池，但他没有忘记民众曾善待过他，所以他对人民也展示了仁慈的一面。

然而，亚洲的桑索斯城却是另一番景象。布鲁图斯率军队出海，试图号召人们团结起来反对屋大维。途中，他登上罗德岛。许多岛民喊道：

“万岁，国王，主人！”

“不，”布鲁图斯喊道，“我既不是国王，也不是主人。我是凯撒的毁灭者，是他既想做王又想当主人！”

正如我刚提到的，布鲁图斯去了桑索斯，但这里的人们不愿意加入他的队伍，也不愿扛着他的鹰旗去对抗屋大维。于是，布鲁图斯便挨家挨户地驱赶农民，迫使他们涌入桑索斯，然后借罗马军队将其围困，以武力和死亡威胁他们，一些桑索斯人只好从城墙上跳入河里，经由奔腾的河水才得以逃生。一天晚上，许多人从城门冲出来，焚烧了罗马人用来攻城的器械。不过，这些人被击退了。然而，攻城器械上的火苗蔓延至城墙，点燃了城墙上面的木头房子。一道红光照耀着这座在劫难逃的城池，男女老少匆匆地在街上逃命。身后虽然是残忍的罗马追兵，但人民的灵魂却不愿屈服，依然勇敢地与布鲁图斯做斗争。桑索斯人民早已看清布鲁图斯以及那些与他为伍的傲慢贵族，对他们不抱任何希望，因为他们都希望使罗马高高在上，而让帝国的其他人都沦为奴隶。于是，他们亲手放火点燃自己的房子，高喊反抗的口号，为了自由宁愿葬身火海！布鲁图斯在一所房子里看到一具女尸，怀里抱着死去的婴儿；她为了不落入围攻者手中，先放火烧了自己的小屋，然后自缢身亡。

……敌兵的枷锁无法使她那高傲的灵魂屈服。

布鲁图斯和他的战友卡西乌斯征服了东方的土地——小亚细亚、希腊和周围的岛屿。之后，他们准备发动最后一场大规模战争。那时，屋大维已经抵达马其顿，两军在腓立比对峙。屋大维的军力在数量上占优势，但布鲁图斯军队的战甲上镶嵌着金银，显得更加华丽壮观。

战斗先后打了两场。第一次，布鲁图斯的骑兵一鼓作气冲入屋大维的营地，并将其洗劫一空；但屋大维的右翼军队冲进了卡西乌斯的营地，大获全胜。卡西乌斯溃退后，绝望的他命令侍从砍下他的头颅。随从照做了，然后布鲁图斯便得知了战友卡西乌斯的死讯。

第二天，战斗重新开始。屋大维军中的罗马人饥寒交迫。他们的营地地势较低，大雨淋湿了帐篷，帐篷里湿漉漉的。运送食物的意大利舰队也在与布鲁图斯舰队的战斗中遭受重创。

然而，屋大维一方拥有坚定勇猛的意志力，正是这种品质才使他们获得了最终的胜利。他的部下认为布鲁图斯根本不懂合理治国，而且他们觉得布鲁图斯的统治只会为富人谋利，而不会考虑全体人民的利益。就连布鲁图斯的一些朋友甚至都明目张胆地倒戈了。

很快，战争有了分晓。骑兵吼声震天，步兵开始肉搏——显然，这一切都对布鲁图斯非常不利。

现在，我给大家讲一下勇敢的陆西利斯，他是布鲁图斯忠实的朋友。他看到布鲁图斯败局已定，一群骑兵正在追杀逃离战场的布鲁图斯，他决定用自己的生命去保护朋友。于是，陆西利斯骑马向前冲去，立刻落入了敌手。看到他一副军官装束，对方盘问道：

“你是谁？”

“我是布鲁图斯将军。”

“那你必须跟我们去见屋大维·凯撒。”

“请你带我去见安东尼吧，他比屋大维宽容。”

于是，他来到了安东尼营中。不过，他的骗局很快就被识破了。士兵抓错了人，布鲁图斯也安然无恙地逃走了！然而，陆西利斯并没有受到伤害。他不仅性命无碍，而且还受到了征服者的尊重。

布鲁图斯在干什么呢？

布鲁图斯正带着一小队军官马不停蹄地行进。直到夜幕降临，星光闪烁时，他在一个峡谷里停了下来。这里峭壁林立，崖下流水潺潺，还有一处洞穴，他和同伴们便进入洞中躲藏起来。大业未成，他们实在难以安心，不知道罗马的未来将如何，也不知道曾经反对屋大维·凯撒的贵族们将有怎样的结局。

有人把头盔浸入溪水中，给布鲁图斯端来水，他迫不及待地喝起来。河对岸的树林里不时传来声音，敌人正在搜捕战败的将军。

布鲁图斯明白末日已经来临。他低声对一个朋友说了几句话，那个人摇摇头，大哭起来。第二个人也是如此，其他人也都拒绝了他的要求。

布鲁图斯是在恳求他们杀掉他。

最后，队伍中的一个希腊人正好手握一把剑，布鲁图斯猛扑上去，于公元前42年去世。

曾经有两位伟大的诗人在作品中谈到布鲁图斯：莎士比亚赞美他，但丁却谴责他。

莎士比亚的戏剧《尤利乌斯·凯撒》展示了布鲁图斯在洞中死亡的情景，并让屋大维和安东尼以及他们的士兵都出现在洞里。安东尼说：

这是最高贵的罗马人；

所有同谋者的行为

皆是出于对凯撒大帝的嫉妒；

他是唯一拥有诚实胸怀的人，
为了大家的共同利益而斗争；
他品行高尚，生性谦和，
如此丰富的人生，
上天也会向全世界宣布：“这才是真正的英雄。”